ぐるっと湾岸再発見

東京湾岸それぞれの物語

志村秀明

花伝社

ぐるっと湾岸 再発見——東京湾岸それぞれの物語◆目次

はじめに

2021年に延期となった東京2020オリンピック・パラリンピック大会では、世界中が東京湾岸地域に注目するでしょう。中央区晴海に選手村があり、江東区の有明や辰巳、港区の台場などに14もの競技会場があるからです。

世界が注目するこの地域ですが、一般的には、「埋立地なので、歴史や文化に乏しい」「大きな開発ばかりで、人間的な空間やふれあいに乏しい」と思われているでしょう。しかし実は、誇るべき歴史と将来にわたる宿命をもっているのです。「オリンピック・レガシー」と呼ばれる大会後の競技会場活用は、競技会場という「点」ではなく、地域という「面」をしっかり考えないと上手くいかないでしょう。この地域の歴史と宿命を踏まえて、オリンピック・レガシーは形成されるべきです。

東京湾岸地域の情報紙「豊洲 Brisa」と「りんかい Breeze」で、「ぐるっと湾岸　再発見」というコラムを、2016年12月から始めて約3年が過ぎました。このコラムを通じて、東京湾岸地域を生活者目線から身体的なスケールでとらえ、あちこちにある「証《あかし》」から、歴史や文化を読み解いてきました。本書では、計41本のコラムを11の地区ごとに紹介しています。読者の方々には、最初から順番に読んで頂いても、あるいはなじみがある地区から読んで頂いても構いません。

しかし読むだけではなく、現地へとでかけて、実際に「証」を見て欲しいと思っています。そのために、地区ごとの地図も載せました。

また13章では、東京湾岸地域の都市計画の系譜を解説しました。巻末には年表も載せています。この地域の歴史的な流れをご理解頂くのによいと思います。

コラムで執筆した文章の最後には、(№1　2016年12月)のように、コラム番号と掲載年月が書いてあります。コラムの内容は、執筆した時期によるものですが、本書出版時に一部加筆しています。ご了解下さい。

「まちづくり」という言葉が世の中に広まってから30年ほどが経とうとしています。まちづくりにおいては、地域や活動についての情報発信と共有が大切です。本書は、東京2020オリンピック・パラリンピック大会の開催というまたとないタイミングで、「何もない」と思われている地域のイメージを覆そうとする情報発信の試みです。

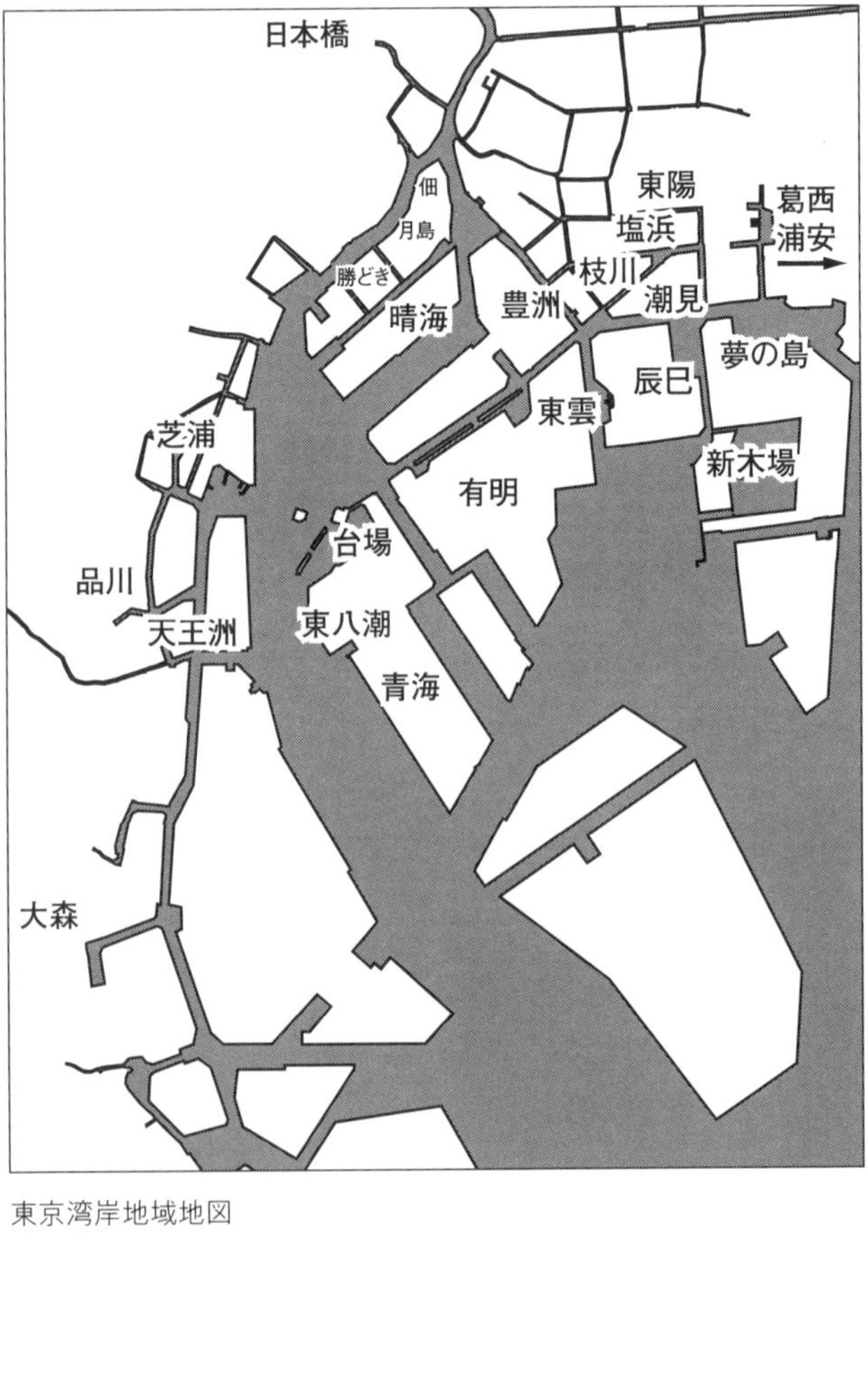
日本橋
佃
月島
勝どき
晴海
豊洲
東陽
塩浜
枝川
潮見
葛西
浦安
夢の島
辰巳
東雲
新木場
芝浦
有明
台場
品川
天王洲
東八潮
青海
大森

東京湾岸地域地図

東京湾岸地域航空写真
写真提供：東京都港湾局

1章　東京湾岸地域を見つめる

東京湾岸地域に対する先入観

東京都中央卸売市場の移転や東京オリンピック・パラリンピック大会の開催、タワーマンションの建設ラッシュや大型ショッピングセンターの開場などで、豊洲や晴海、有明といった東京湾岸地域の知名度は、都心部の銀座や新宿、渋谷に肩を並べるぐらいまで高まっていると言えるでしょう。日本全体の人口が減少する中で、この湾岸地域の人口はずっと増えつづけていることでも注目されています。

しかしテレビや雑誌、観光ガイドブックといったメディアが、この地域に関して取り上げる情報は、雨後の筍のように各所に建設されているタワーマンションの豪華さや販売価格、ブランド店や新スタイルの店舗・娯楽施設が入った大型ショッピングセンターの紹介といったトレンドを追ったものばかりです。

東京湾岸地域は、最近では「住みたいまち」としても上位に入るようになりましたが、その理由がこのようなトレンドを追った地域の表層的な情報によるものだとしたら、20年もしたらきっと寂しい地域になってしまうでしょう。他に人気がある理由として多く挙げられる「都心に近くて通勤が楽」は、地理的なものなので今後もまず変わらないと思いますが、退職・引退といった人々のライフスタイルの変化が起こると、それは魅力ではなくなってしまいます。

東京の都心部や西部では、「江戸のまちを読み解く」「武蔵野を歩く」といった歴史や文化をテーマとした書籍やガイドブックが実にたくさんあります。しかし東京湾岸地域に関しては、民間出版社による書籍はもちろんのこと、自治体が発行している郷土史やガイドブックもほとんどありません。全ての世代から、「住みたい」と思われる地域になるには、やはり歴史や文化が必要でしょう。

都市計画や建築、経済の専門家も、都市計画や再開発計画のことは熱く論じるのですが、この地域の歴史や文化に関して語ることはほとんどありません。またスケールの大きな話ばかりで、生活者目線からの身体的なスケールで、この地域を見つめることもありません。「どこに鉄道や道路を通す」「どこを開発して、住宅地や商業地にする」といった機能性や合理性だけを検討しても、魅力的な地域はつくれないのですが。

要するに、専門家も含めて人々は、東京湾岸地域のことを「埋立地なので、歴史や文化というものは存在しない」という先入観をもって見ているのでしょう。そんな色眼鏡で見られていては、東京湾岸地域は、何年経っても歴史も文化も根付かず、ただ消費されるだけの「埋立地」でありつづけてしまうと思います。

地域を見つめる

私は、生まれも育ちも東京湾岸地域の中央区月島で、おまけに勤務先の大学も江東区豊洲にあるので、毎日この地域で過ごしています。地元の東京湾岸地域が、「ただの埋立地」というぐらいでしか語られず、トレンドを追った表層的な話題ばかりなことを憂いています。

恐ろしいのは、人々がこの地域を「ただの埋立地」だと本当に思うようになってしまうと、本当は誇るべき歴史や文化の「証《あかし》」があちこちに存在しているのに、気づかれないがゆえに、それら証が失われて、本当に「ただの埋立地」になってしまうことです。特にこの地域に関しては、一般的に歴史や文化がないという認識が広く根付いてしまっているので、書籍の中で解説するだけでは、いつまで経っても「ただの埋立地」という認識は変わらないでしょう。人々の認識を変えるためには、実際に歴史・文化の証を見るという体験が必要だと思います。

通勤や通学など、日々の生活でまちを行き来しているだけでは、身近なところに存在している歴史や文化の証には気づかないものです。「きれいな桜並木がある」「路地がある」「坂道がある」「コンビニエンスストアがある」などの背景には、必ずそうなった理由があるのです。それらに気づくためには、「見つめ、考え、調べる」という行為が必要です。これらの行為なしには、いつまで経っても、人々の間に、歴史や文化への認識は広がりません。

「湾岸地域は埋立地の新しいまちで、歴史や文化に乏しい」「緑が少ない一方で、工場や倉庫が多く、トラックが走り回っている」「通勤に便利だからといって、人々は我慢して住んでいる」といった認識ばかりになることを、皆さんも想像してみて下さい。そのうち「東京湾岸地域に住んでいるなんて可哀想だわ、お気の毒ね」と言われかねません。誰でも、自分たちが住む地域やまちがそのように言われたら悲しいでしょう。

連載コラム「ぐるっと湾岸　再発見」の始まり

私の専門は「まちづくり」なので、大学での学生に対する講義だけでなく、自治体の市民講座などで一般市民に対する講義の機会も多くあります。まちづくりは市民の手によるものですから、市民に対する講義の依頼は、できるだけ引き受けたいと思っています。また、まちづくりの研究は、大学の研究室に閉じこもっているよりも、現場へ赴いて実践することが大切です。市民講座も、まちづくりの実践活動の一つなのです。少しでも多くの市民に、身近なところに存在している歴史や文化の証に気づいて欲しい、そして地域やまちに対して愛着や誇りをもって欲しいと思い取り組んでいます。

そんななか、豊洲の水辺や運河の魅力づくりに取り組む仲間の小山壽久氏の紹介で、東京湾岸地域の情報紙「豊洲 Brisa」「りんかい Breeze」（毎月発行）の編集者である石原恵子氏とお目にかかったのは２０１６年の秋でした。石原さんは、私の研究や取り組みをご存じで、情報紙の中で東京湾岸地域に関するコラムを連載して欲しいという依頼でした。すでにこれまでの講義録や収集した資料がありましたから、コラムの連載を引き受けることにし、「ぐるっと湾岸　再発見」がスタートしました。

多くの人々に、「実際に現地にでかけて見て欲しい」という思いから、基本的に各コラムは、東京湾岸地域に存在する歴史と文化の証を示し、その証にまつわる出来事やエピソードを紹介し、地域の歴史を考察するという流れになっています。

コラムでは主に、中央区、江東区、港区、品川区の臨海部を東京湾岸地域としていますが、地域的な繋がりから、江戸川区や千葉県浦安市の臨海部も少し取り上げることになりました。

歴史と文化の「証」探し

東京湾岸地域は、近代以降の埋立地なので、さかのぼっても、明治時代からの歴史しかありません。しかし明治期以降の150年間は激動の時代でした。欧米の列強諸国と対抗するための近代化、関東大震災からの復興、太平洋戦争時の大空襲と終戦後のGHQ（進駐軍）による占領、戦災からの復興、1964年第1回東京オリンピック・パラリンピック大会の開催、高度経済成長と経済大国への発展、バブル経済とその崩壊、経済成長の停滞と製造業の衰退、情報化社会への転換とグローバル化、経済活性化政策と都市再生、東京2020オリンピック・パラリンピック大会の開催と、近代化を達成し、豊かになった今の日本を語るのに必要不可欠な歴史がこの地域に詰まっています。それは東京湾岸地域が誕生してからずっと背負っている「宿命」と言っても過言ではありません。これが、私がコラム連載を通じて最も伝えたいことです。

本書は、連載が始まってからの41回分のコラムをまとめたものです。第一回目のコラムでは、この地域が東京の中でずっと担い続けている宿命について概説しました。

では、湾岸地域の歴史と文化の証を探しにでかけましょう。

東京の発展を支えている土地　東京湾岸地域

東京湾岸地域は、東京の発展を支えてきた土地と言えます。東京の発展は近代化の歴史です。明治維新となって、近代化に必要な国際港を東京につくろうという話になりましたが、その候補地となった東京湾には隅田川が上流から絶えず土砂を運んでくるために、水深が浅く、大型船が入って来られませんでした。そこで、海底の土砂をすくい取って水深を深くしようとしました。そのすくい取られた土砂を積み上げてできたのが埋立地で、それら埋立地群によって東京湾岸地域が形成されていきます。昭和初期に開港した国際港の中心は、港区海岸（竹芝埠頭・日の出ふ頭）で、中央区晴海と江東区豊洲は港湾内でした。

次に近代化には工場が必要です。中央区石川島（中央区佃）と、明治時代に埋め立てられた月島に、まず造船所や鉄工所といった工場がつくられ、昭和初期に埋め立てが完成した豊洲にも造船所や鉄工所がつくられました。

太平洋戦争後、焼け野原となった東京は、再び日本の首都として復興しなければなりませんでした。多くの人々が生活していくためには、石炭といった燃料や電気、ガスなどが必要でした。しかし戦後しばらくは、GHQが東京港の全てを使用していたため、船で石炭を運び込むことができず、また発電所やガス工場をつくる土地がありませんでした。そこで豊洲埠頭（豊洲6丁目）を埋め立てて、石炭埠頭や発電所、ガス工場を建設したのです。そのお陰で東京は戦後の復興を果たすことができました。

発展し豊かになった東京・日本を象徴するものに、コンビニエンスストアがあります。その第一号店は、豊洲にできました。

2020年に向けて、東京湾岸地域の江東区有明や辰巳には、いくつものオリンピック・パラリンピック競技会場と選手村が建設されます。これらの競技会場・選手村は、これからの東京の発展を支えるでしょう。東京都中央卸売市場（豊洲市場）も豊洲6丁目に開業しました。

以上のように、東京湾岸地域は東京の発展を支えてきた、そして支えていく土地という

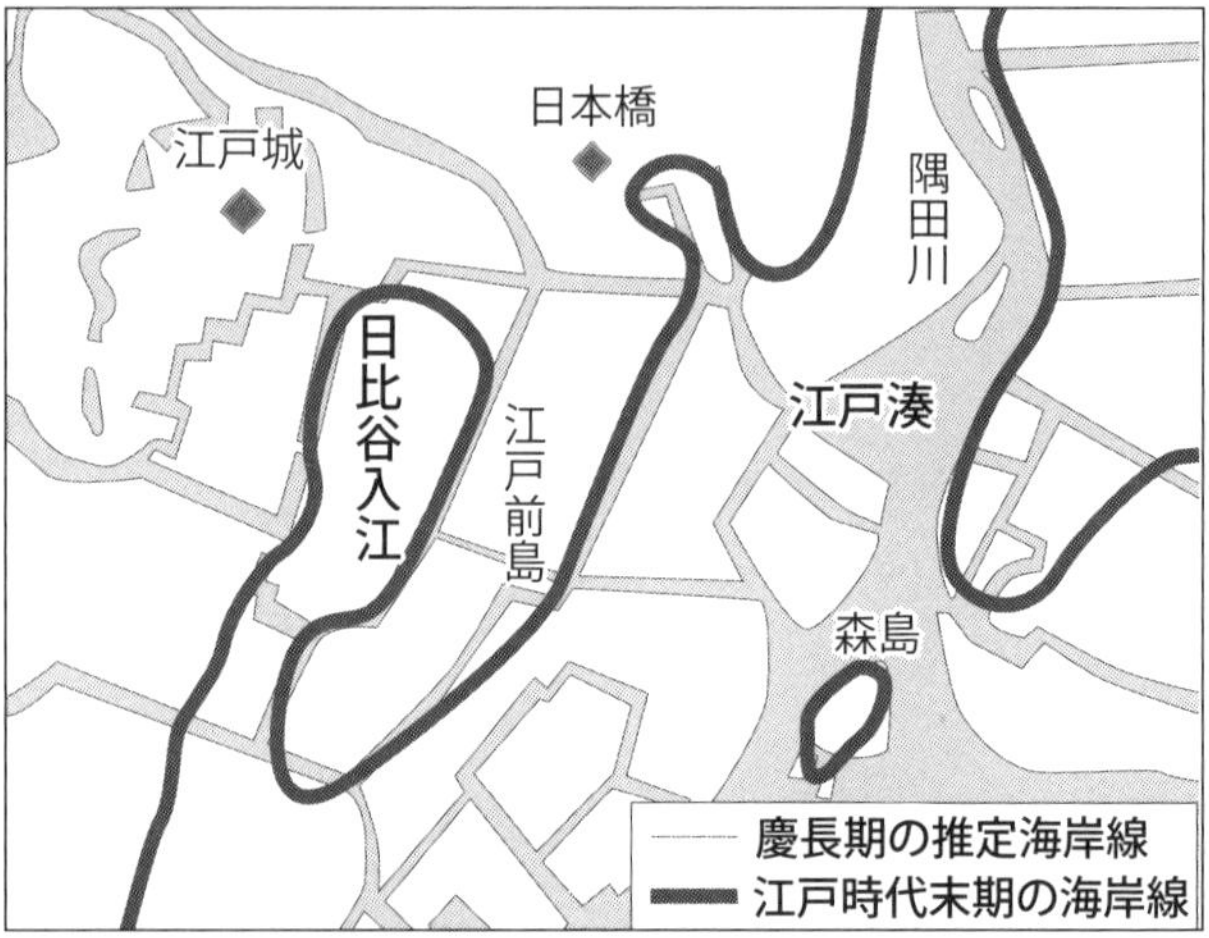

慶長期（1590 年頃）の江戸

特筆すべき歴史があります。このコラムでは、これから数年かけて、その歴史を詳しく解説していきます。

（№1　2016年12月）

江戸のまちの発展も支えていた東京湾岸地域

第1回目のコラムでは、1968年明治維新以降のことを書きましたが、東京湾岸地域は明治維新以前の江戸のまちの発展も支えていました。

江戸時代が始まる前1590年頃の江戸は、江戸湊という海が大部分を占めていました（図）。武蔵野台地の東端に築かれた江戸城の南東側には日比谷入江があり、その先に江戸湊が広がっていました。江戸時代では、東京湾岸地域は「江戸湊」という海だったのです。江戸湊は、隅田川などが土砂を運んできたため遠浅の海となっていて、森島（後の石川島）といった土砂が堆積してできた島もありました。

徳川家康が江戸を本拠地とした理由は諸説ありますが、港湾都市を建設しようとしたことは大きな理由でした。日本橋あたりにあった入り江を拠点として、埋め立てをしていくことで、大都市・江戸を建設しました。

日本国道路元標　起点の真実

国の重要文化財である日本橋のかたわらに、装飾のある立派な支柱とともに日本国道路元標があります。中央通りの真ん中にある本物の道路元標を見るためには、行き交う自動車をかいくぐりながらたどり着かなければなりません。そんな危ないことはできないので、橋のかたわらにある道路元標を眺めます。

解説板に書いてあるとおり、道路元標は日本の道路の起点です。「江戸のまちの中心は日本橋で、五街道（東海道、中山道、甲州街道、日光街道、奥州街道）が、ここを起点としていた」という歴史的な経緯に由来しています。しかし本当に、五街道の起点というだ

日本橋

日本国道路元標

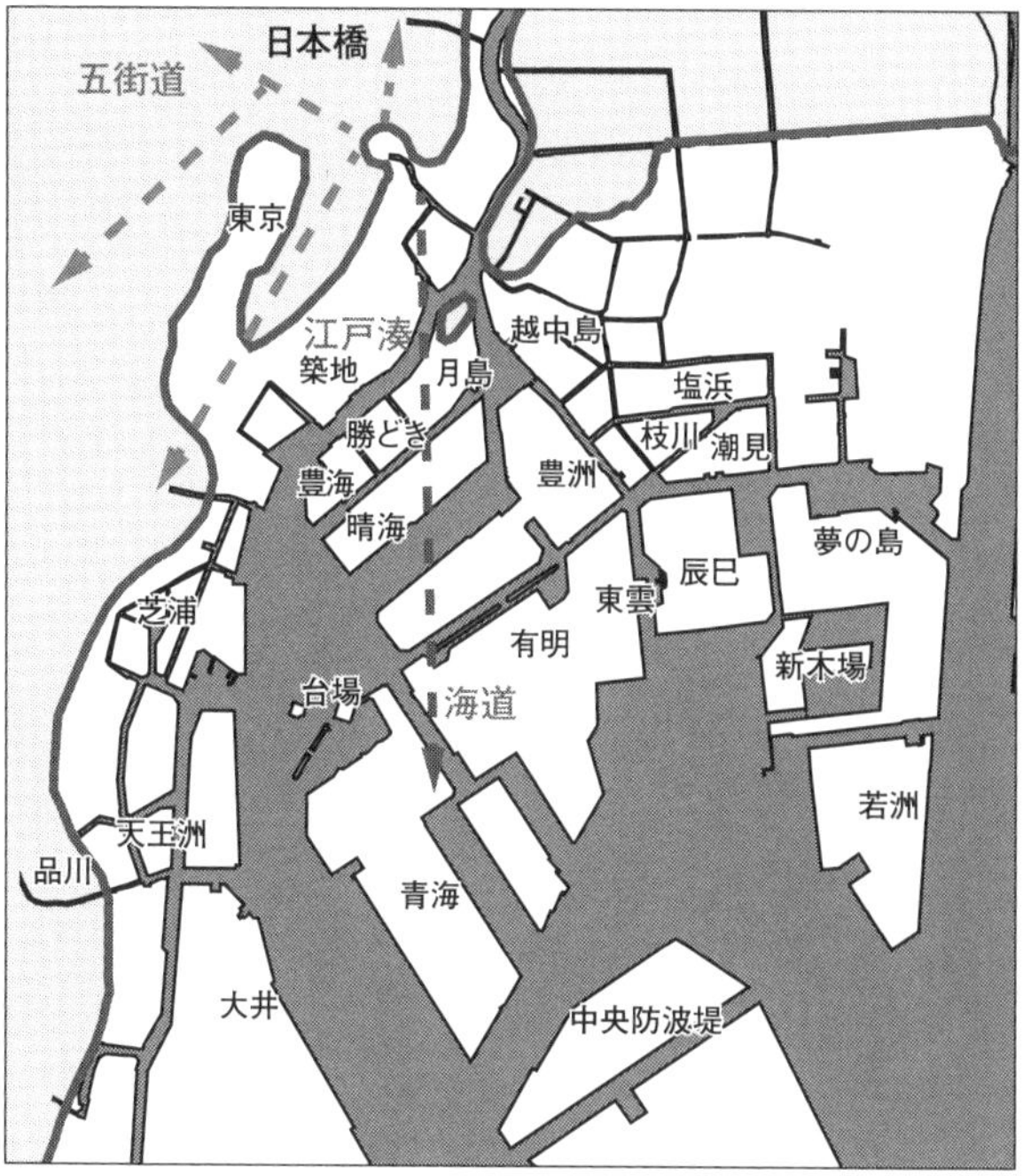

日本橋と江戸湊

けで、日本橋はずっと江戸の中心になり得たのでしょうか。

徳川家康による江戸建設以前、日本橋は東京湾最奥部の入江に面する小さな集落だったと言われており、江戸湊と呼ばれていた東京湾へ船で出ていくには格好の場所でした。つまり日本橋は、海へとでていく「海の道＝海道」の起点であったのが先で、江戸の建設が進むのに合わせて、五街道の起点となった日本橋が1

603年に架橋され、江戸の中心という地位が確立されました。海の道は、江戸時代を通じて、物資の輸送において重要な役割を果たし続けました。日本橋は、海上の道と陸上の道の両方の起点であったことで江戸のまちの中心であり続けたのです。

現在の日本橋のたもとにある遊覧船が発着する船着場の入口あたりに、海の道の元標も設置して欲しいと思います。日本橋が江戸・東京の中心となった本当の理由が、より多くの人々に分かってもらえると思うからです。

東京の発展を示しているのは埋立地だけではありません。埋立地を結ぶ「橋」も、東京の発展の歴史を語る証になっています。

オリンピック・ブリッジたち

東京2020オリンピック・パラリンピック大会まで、あと約1000日となり、少しずつ気運が高まってきていると思います。

思い返してみると、第1回東京オリンピック・パラリンピック大会は1964(昭和39)年に開催されました。さらにさかのぼって、幻に終わった東京オリンピックの開催計

手前の欄干が佃大橋。その向こうがかちどき橋、その向こうのアーチが築地大橋。

画が1940（昭和15）年にありました。1936（昭和11）年の国際オリンピック委員会で行われた投票の結果、東京での開催が決まったのですが、日中戦争が勃発したことで1938（昭和13）年に開催権を放棄することになり、東京での開催は幻となったのです。「晴海・豊洲・東雲・有明で、日本万国博覧会の計画があった！」（2–1）の通り、同年に東京湾岸地域の晴海・豊洲・東雲・有明で開催される予定だった日本万国博覧会も、同じ理由で中止となりました。

さて、幻となった1940年の東京オリンピック計画、1964年の第1回東京大会、そして来る東京2020大会の

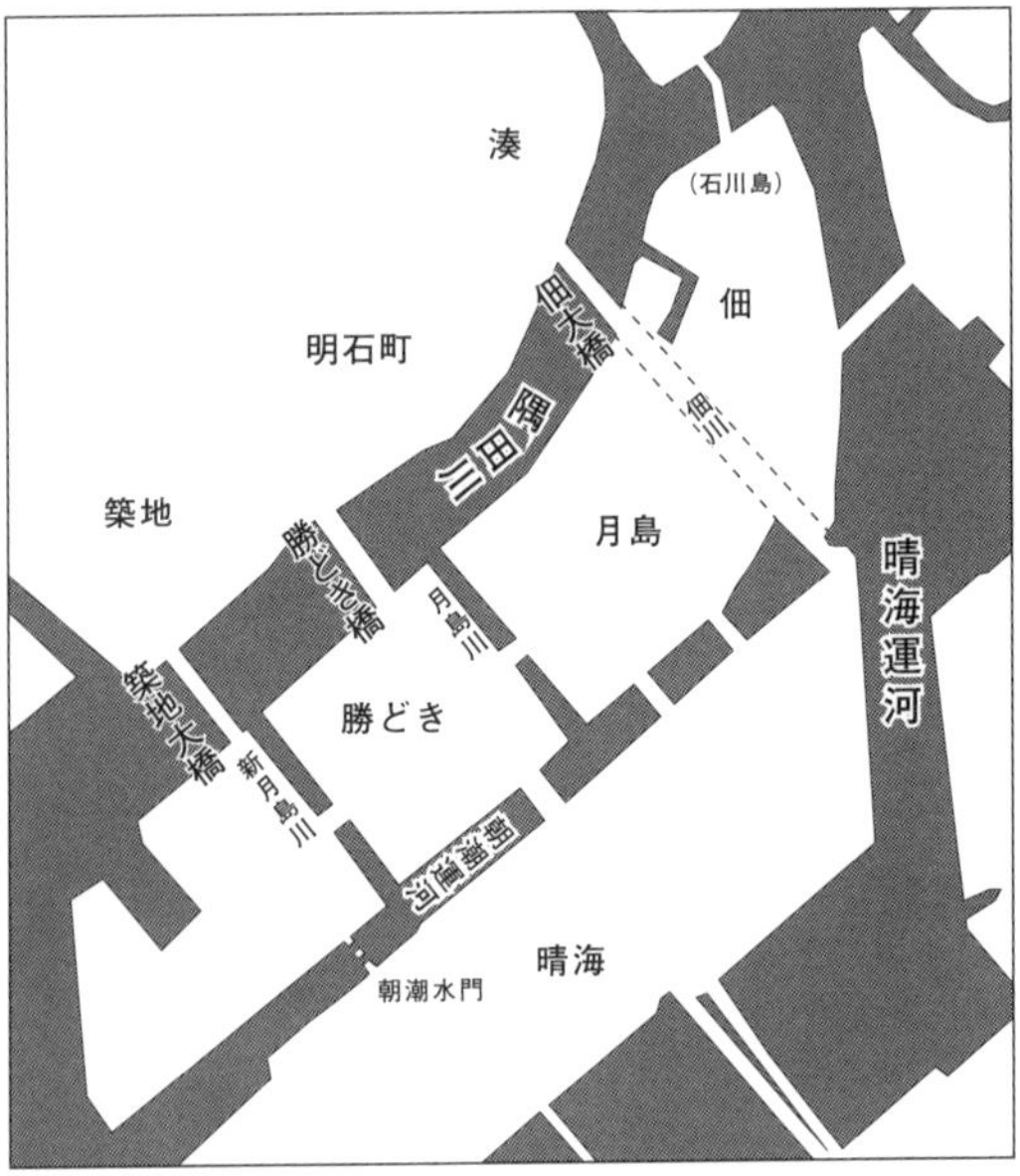

中央区月島・明石町・勝どき・築地をオリンピック・ブリッジたちが並ぶ。

計3回の東京オリンピックのことを想起させる3つの橋が、東京湾岸地域の入口にあたる隅田川に架かっています。

国の重要文化財である「かちどき橋」は、1940年に完成しました。この橋は、万国博覧会会場の入口へと通じるメインルートとなるはずだったところに架橋されました。そのため、当時の最先端技術の粋を集めて、中央部が開閉する跳開橋《ちょうかいきょう》という珍しいデザインとなりました。

かちどき橋の一つ上流にある「佃大橋」は、第1回東京オリンピック大会開催のための道路網整備の一つとして架橋されました。江戸時代から続く「佃の渡し船」の代わりとなり、1964年に完成しました。

かちどき橋の一つ下流にあるのが真新しい「築地大橋」です。すでに架橋工事は完了し、開通しています。しかし、築地市場の豊洲への移転が延期したため、また、築地市場だった土地が再開発されるため、この橋を通る通称・環状2号線の本格的な開通は2020年頃となるでしょう。

東京2020大会は、多くの競技会場が立地する東京湾岸地域を中心に開催されると言っても過言ではありません。その東京湾岸地域の入口に、これら3つのオリンピック・ブリッジ達が並んでいるのは、歴史の因縁でしょうか。

（No.12　2017年11月）

2章　晴海

成り立ち　第三期隅田川口改良工事で計画された。関東大震災後の帝都復興のためには、東京港の整備が必要不可欠という意見が強くなり、東京港修築工事によって、1931（昭和6）年に「月島4号地」として埋め立て完成。

東京港の一部として、晴海埠頭が整備され、また東京モーターショーなどが開催された国際見本市会場があった。

地名由来　1937（昭和12）年「いつも晴れた海を望むという希望から」決定。旧町名は「晴海町」で1丁目から6丁目までだったが、1966（昭和41）年の住居表示制度実施により「晴海」へ。1丁目から5丁目までがある。

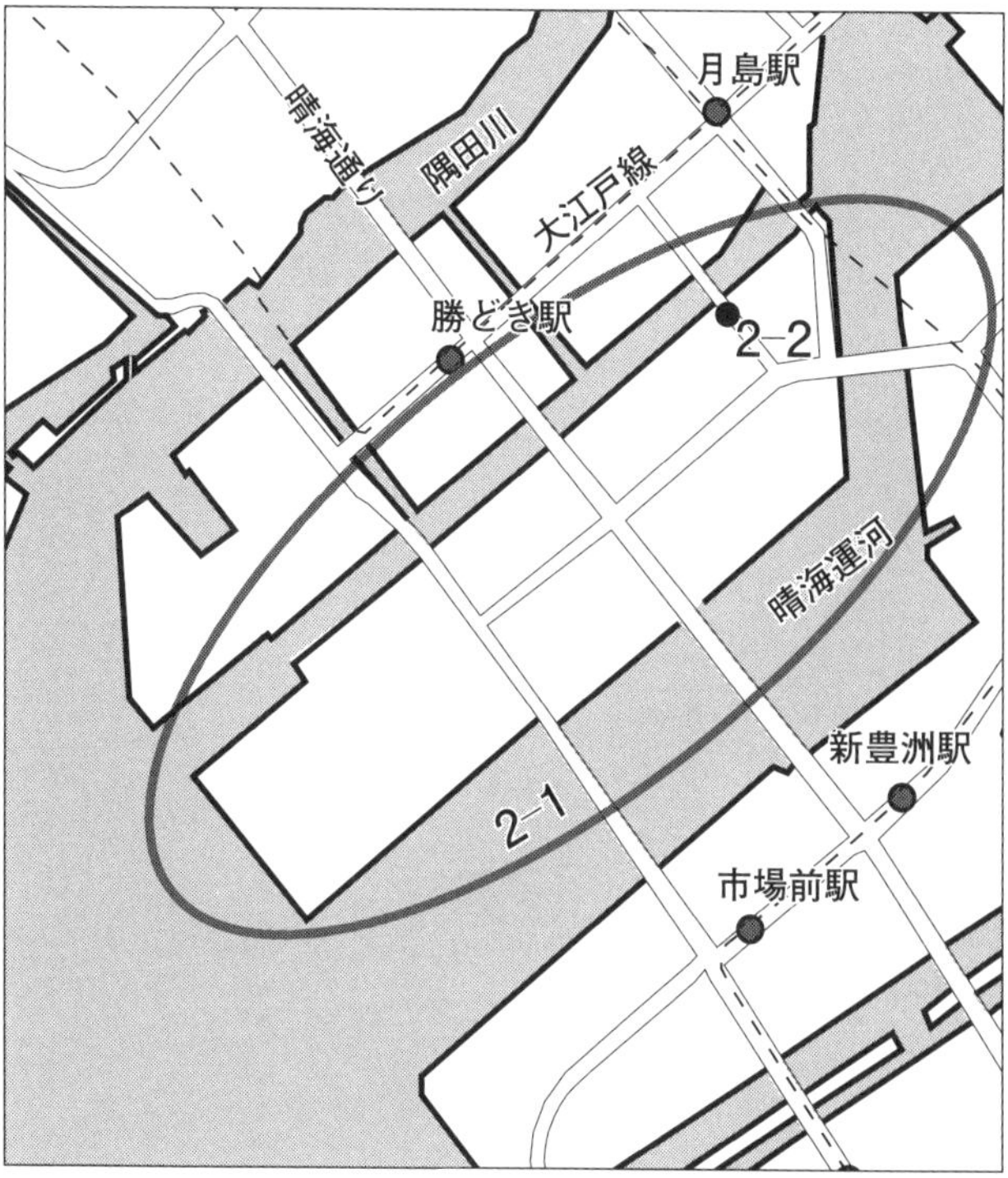
月島駅
晴海通り
隅田川
大江戸線
勝どき駅
2-2
晴海運河
新豊洲駅
2-1
市場前駅

晴海

2-1 晴海・豊洲・東雲・有明で、日本万国博覧会の計画があった！

隅田川の河口あたりまで船が入って来られるようにと、海底からすくい取った土砂を使って湾岸地域の埋立地ができていきました。中央区の晴海が１９３１（昭和６）年に、その後２年の間に江東区の豊洲と東雲の埋め立てが完成し、三兄弟のような３つの埋立地が相次いで誕生しました。このように急ピッチで埋立地がつくられるようになったのは、ポンプを使って、海底の土砂を海水と共に吸い取って土地を埋め立てていく技術が導入されたからです。そして、これら新しい土地の利用計画として持ち上がったのが、日本万国博覧会の開催計画でした。１９４０（昭和15）年の開催予定で、なんと東京オリンピックもこの年に開催される予定でした。

万国博覧会の当初の計画は、晴海・豊洲・東雲に加えて、当時まだ埋め立て中だった有明までも会場にするという大規模なものでした。それは、国内の文化を発信する日本展示ゾーンと、外国の文化が紹介される海外展示ゾーンも必要だったからです。また、万国博覧会の展示施設を整備することで、東京湾岸地域の都市化を加速して、東京を一気に近代

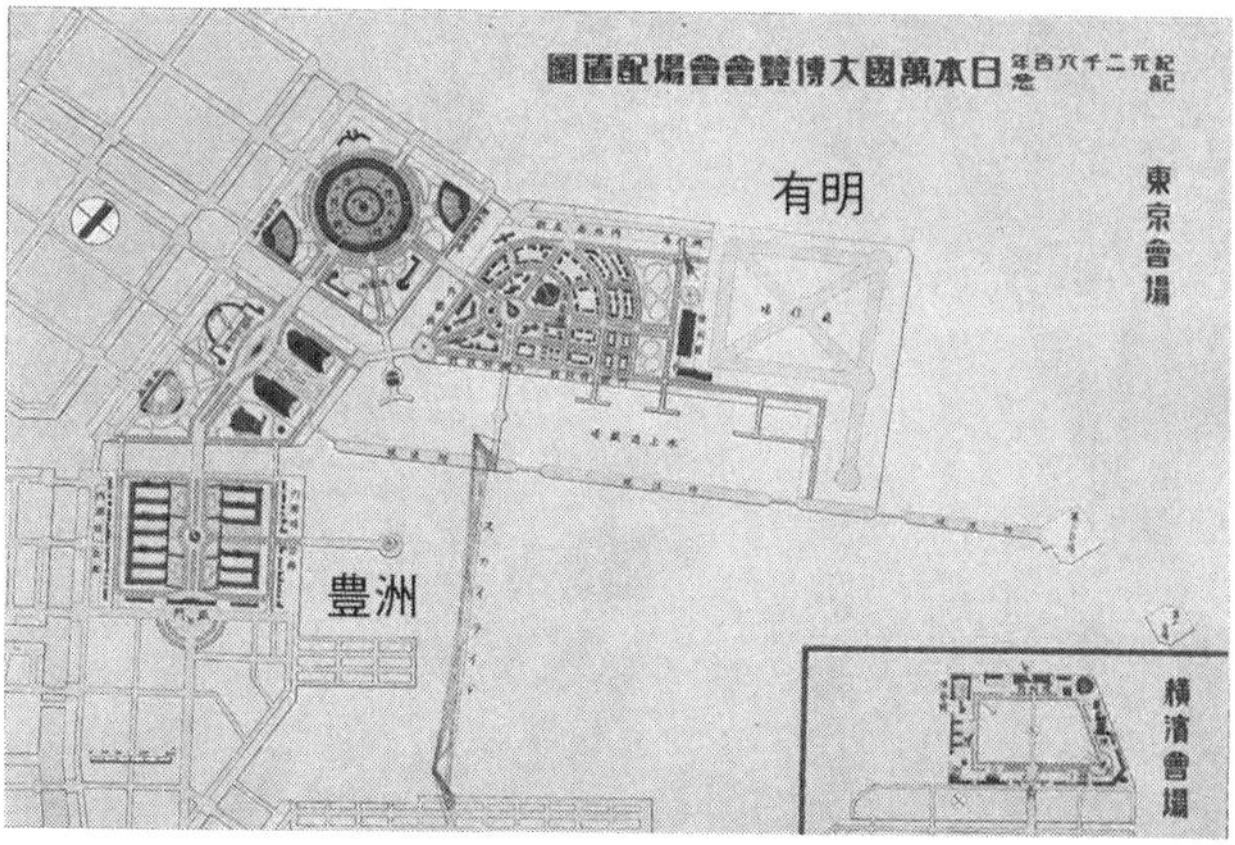

日本万国博覧会の計画図（1935 年 7 月）：会場は豊洲・東雲・有明にまたがり、晴海と有明が「スカイライド」で結ばれている。

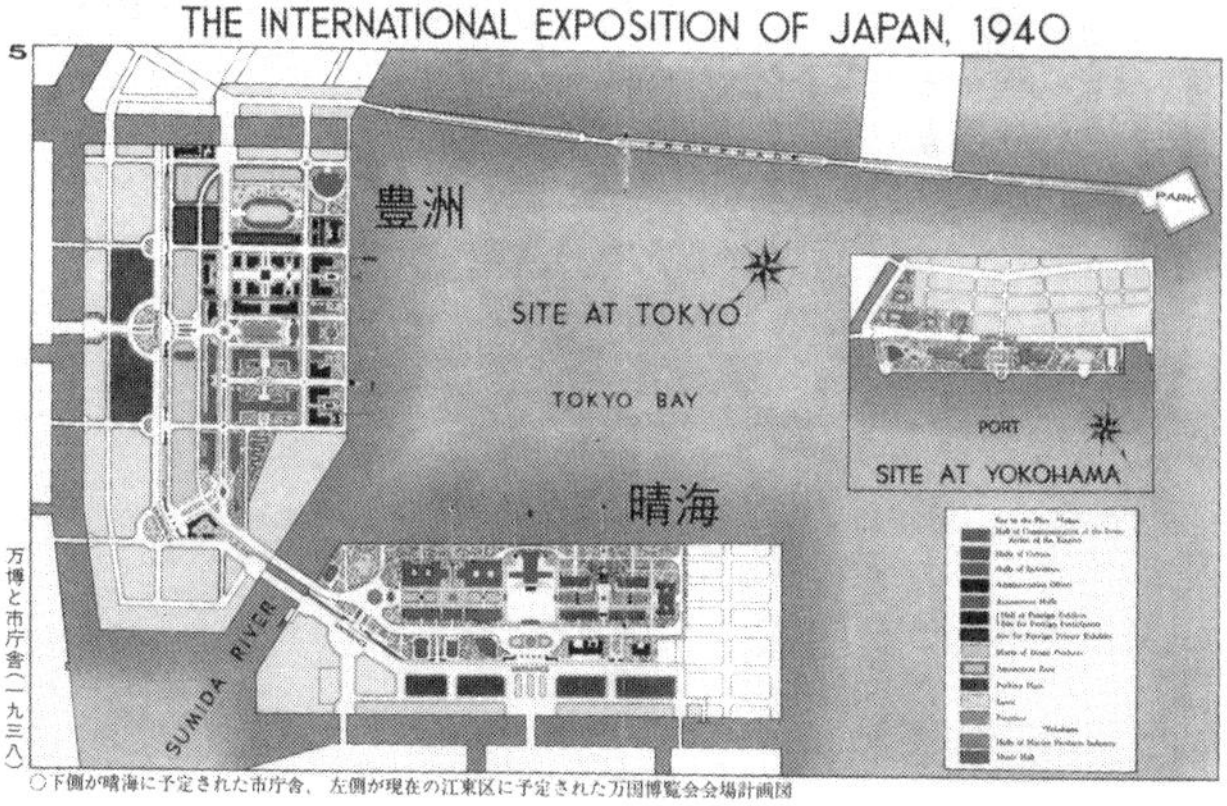

日本万国博覧会の計画図（1938 年 2 月）：会場は晴海と豊洲となり、日本パビリオンが晴海に、外国パビリオンが豊洲に配置されている。
両図とも出典は、『近代日本博覧会資料集成――紀元二千六百年記念日本万国博覧会』（国書刊行会、2015 年）

都市に変えようという壮大な意図が背景にありました。一方で東京オリンピックの計画では、東京の西部を一気に近代化するという意図がありました。万国博覧会とオリンピックを二つの車輪として、一気に東京の近代化を図るという、なんと大胆な構想でしょうか。

１９３５（昭和10）年7月の計画図を見ると、広大な会場内の交通手段として、晴海と有明を結ぶ「スカイライド」というロープウエイを建設しようという計画があったことが分かります。東京２０２０オリンピック・パラリンピック大会に向けて、江東湾岸地域をロープウエイで結ぼうという提案が江東区から出されました。歴史は繰り返されるものですね。その後、１９３８年2月の計画図では、晴海と豊洲が会場予定地となっています。有明が外れたのは、資金と交通の問題があったからのようです。

このように魅力的な万国博覧会の計画でしたが、１９３７（昭和12）年に日中戦争が勃発したことで、建設資材の不足と日本の国際社会からの孤立が進み、東京オリンピック計画と共に中止となってしまいました。結局、東京の近代化を下支えする工場や国際港として、埋立地は使われることになりました。

（№２　２０１７年1月）

2-2 晴海の桜並木と幻の東京市庁舎

東京には桜の名所が数多くありますが、残念ながら湾岸地域には桜の見どころはほとんどありません。それは、かつて港湾地域だったということで、工場や倉庫が建ち並び、人が住んでいたところは限定されていたからです。

中央区晴海の一角に、桜の名所とまでは言えないかもしれませんが、桜並木があります。月島から朝潮橋を渡って晴海に入ったところで、道路の両側にソメイヨシノが並んでいます。月島と晴海の間にある朝潮運河沿いのソメイヨシノも、水面近くまで枝を伸ばしていてきれいです。これらの桜は、この辺りに月島第三小学校、晴海中学校、都立晴海総合高等学校、晴海幼稚園といった学校がまとまっていることから植えられました。卒業式や入学式の時期には、桜並木の前で記念撮影している親子をよく見かけます。

ところでこの一角には、学校だけではなく特別養護老人ホーム「マイホームはるみ」や月島総合運動場もあるのですが、なぜこれほど公共施設が集中しているのでしょうか。

晴海は1931（昭和6）年に埋め立てが完成したのですが、その新しい土地に東京市

晴海１丁目にある桜並木。片側二車線という広い道路だが、自動車は少なく静か。

東京市庁舎設計図案 １等賞 宮地二郎。出典：『東京市庁舎建築設計懸賞競技入賞図集』（東京市編、国立国会図書館デジタルコレクションより）

庁舎を移転させようという計画がありました。当時の東京市は、現在の東京23区の範囲で、その行政機関の中心だったのが東京市庁舎です。東京市会は、1933年に移転を決議し、1934年には建築設計競技を行いました。171件の応募があり、著名な建築家・伊東忠太などが委員となった審査会において、宮地二郎のインターナショナルスタイルと呼ばれた近代建築のデザインが1等案に選ばれました。ちなみに3等案には、やはり著名な建築家・前川國男の案が入りました。宮地案は、運河沿いの約3ヘクタールの敷地に、約6万7000㎡の庁舎が建つという大規模なものでした。

しかし晴海は、東京市中心部からは遠くて不便だといった反対意見が強く、当時の市長の退任とともに移転計画はなくなりました。この幻となった東京市庁舎の建設予定地が、公共施設が集まるこの一角だったのです。何も計画がない空白地となったところに、当時人口が急増していた月島の市街地が近いということで、学校といった公共施設群が建設されることになりました。

多くの人々が住むようになった湾岸地域ですから、近い将来、桜の名所が次々と誕生することを期待したいものです。

（№30　2019年5月）

3章　豊洲

成り立ち

枝川改修工事と第三期隅田川口改良工事で、現在の豊洲1〜5丁目の埋め立てが1932（昭和7）年にほぼ完成し、「5号地」と呼ばれた。その後、東京港修築事業で、1937（昭和12）年に豊洲1〜5丁目部分が完成した。

豊洲6丁目は、戦後の復興を担うエネルギー基地として、1948（昭和23）年から埋め立てが始まった。

地名由来

1937（昭和12）年、「将来の発展を願って豊かな洲になるように」と決定。旧町名は「深川豊洲」。1968（昭和43）年の住居表示制度実施で「豊洲」となった。

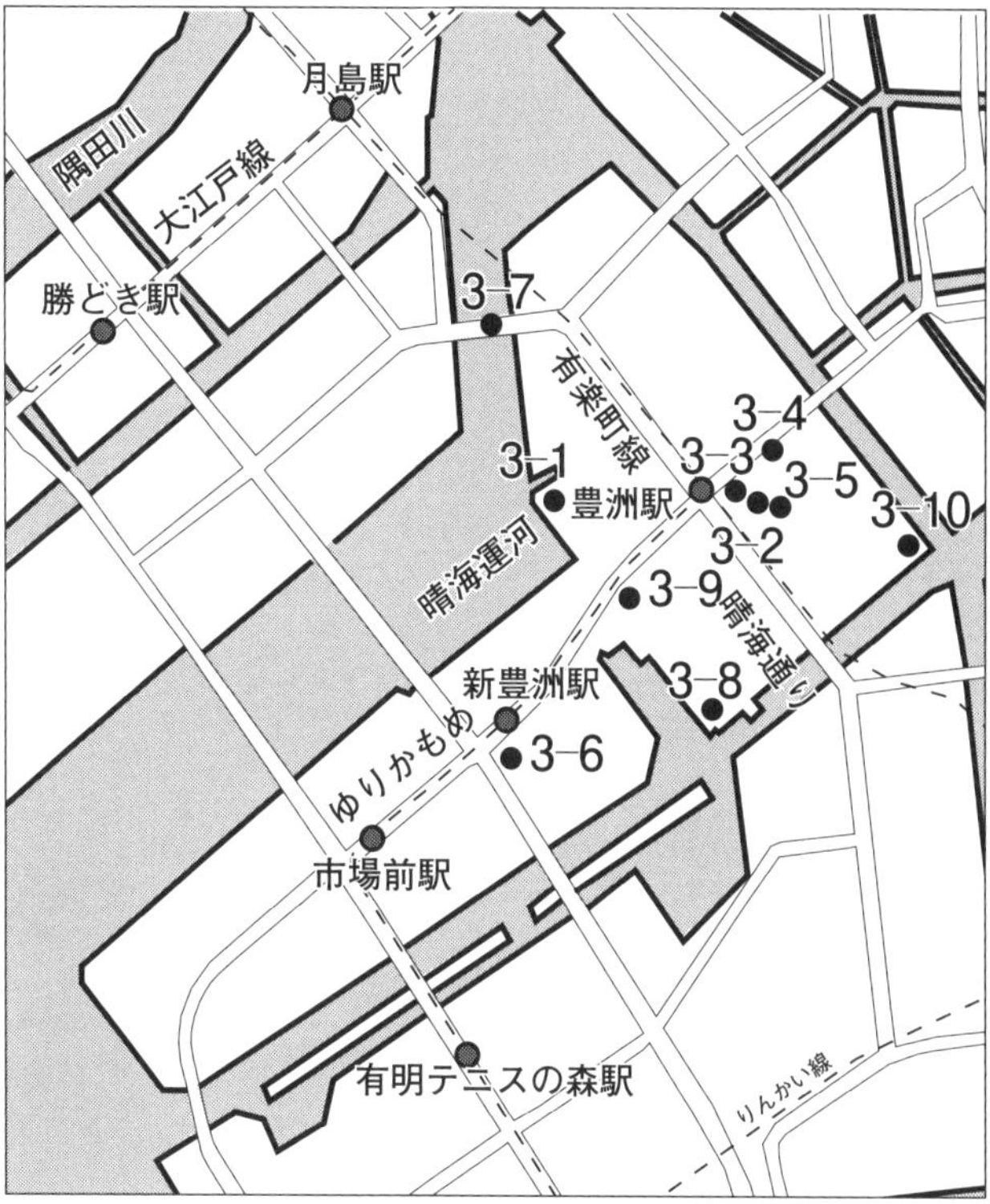
月島駅
隅田川
大江戸線
勝どき駅
3-7
有楽町線
3-4
3-3
3-1
3-5
豊洲駅
3-10
3-2
晴海運河
3-9
晴海通り
新豊洲駅
3-8
ゆりかもめ
3-6
市場前駅
有明テニスの森駅
りんかい線

豊洲

3-1　豊洲の街の始まり　東京石川島造船所

日本万国博覧会計画が中止となったことで、晴海・豊洲・東雲といった埋立地は、工場や港として使われることになり、現在の豊洲2、3丁目には、東京石川島造船所が建設され、1939（昭和14）年に操業を始めました。戦争が拡大しようとしていた時期であり、船舶の需要が多かったからです。

豊洲2丁目の現在、複合商業施設「ららぽーと豊洲」があるところには、船を建造・修理するドライドックと造船台がいくつもありました。ドライドックとは乾ドックや乾船渠《かんせんきょ》とも呼ばれ、船が海から直接入り、水を抜いて作業場とするものです。造船台とは、船を海から斜面で引き上げて作業するものです。1958（昭和33）年の地図を見ると、二つドライドックと三つの造船台があったようです。この頃は、造船業の最盛期だった訳ですが、かなり大規模な造船所となっていました。豊洲北小学校や芝浦工業大学がある豊洲3丁目では、船舶用機関などが製造・修理されていました。

東京石川島造船所は、石川島と呼ばれた中央区佃2丁目付近が発祥の地の一つで、日本

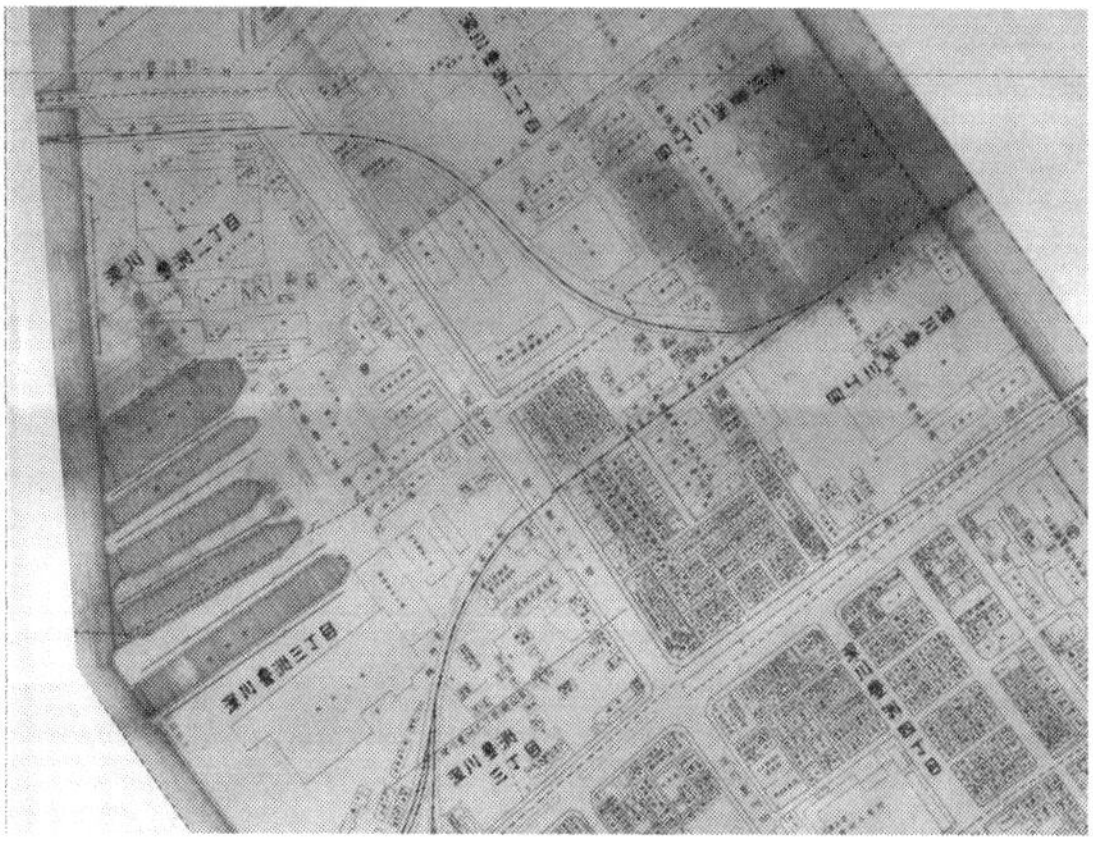

1958年の豊洲2・3丁目付近の住宅地図：この時代には、ドライドックと造船台が計5つあったと思われる（図左側）。中央左上から右下に通っているのが晴海通り、下から右に通っているのが三ツ目通り。（『東京都全住宅案内図帳江東区南部』1958年、東京住宅協会）

ノコギリ状に凸凹した護岸。ドックと造船台がいくつも連なっていた名残。

初の洋式造船所を引き継いだものでした。これら造船所の総面積は約20ヘクタールと広大で、東京ではもちろん最大、日本国内でも有数の造船所で、「原子力船むつ」などの新鋭艦が建造されました。造船所以外にも、現在のビバホームのあたりには、巴組鉄工所がありました。船の建造には、大量の鉄が必要だったからです。

東京石川島造船所は、現在の㈱ＩＨＩとなり、その本社が豊洲３丁目にあります。この本社ビル１階の i-muse では、豊洲にあった造船所などについて、模型やパネルを用いて分かりやすく展示されています。

造船所は、２００２（平成14）年に閉鎖され、その後再開発されて現在の豊洲の街になりました。再開発の前まで、豊洲２丁目にはドライドックが残っていました。その内の一つが１／３ほど埋め立てられて「ららぽーと豊洲」の船着場として残っています。豊洲と晴海の間に架かる春海橋からこの船着場入口周りを注意してみると、護岸がノコギリ状に凸凹していることに気づきます。ここに造船所のドックがいくつも連なっていた名残です。クレーンのモニュメントもあるので、かつての造船所の様子を思い起こすことができます。

（№３　２０１７年２月）

3−2 豊洲の街と深川薬師

東京湾岸地域の江東エリアで最初に街ができたのは豊洲です。豊洲3丁目と4丁目を中心として、戦後の1948（昭和23）年から戦災復興住宅が建てられていきました。東京は、空襲で多くの家屋を焼失しました。家を失った人々のために建てられたのが戦災復興住宅で、木造平屋の簡素な建物だったので「庶民住宅」とも呼ばれました。この戦災復興住宅の名残が、都営豊洲四丁目アパートです。

この都営住宅の敷地の一角に、2016（平成28）年の春ごろまで「深川薬師さま」が祀られていました。薬師さまは薬師如来のことで、病気を治し、苦しみを取り除いてくれるものとして、広く人々の信仰を集めています。この薬師さまの由来には諸説あります。地元豊洲町会の方によりますと、都営住宅に住んでいた方が、1970（昭和45）年頃に交通事故に遭い大けがをしたそうです。そして、このような事故が二度と起こらないようにと、事故に遭った方の親族がお祀りしたようです。

他にも、この薬師さまの由来として、「昔、豊洲近海で漁師の網にかかり、有難いこと

豊洲４丁目付近の航空写真（1963 年国土地理院）。「庶民住宅」と呼ばれた戦災復興住宅が建ち並んでいた。

豊洲４丁目にあった深川薬師さま。赤いよだれかけは、子ども達を守るという意味で、お地蔵様的な存在だった。

だということで、ここに祀られるようになった。」という面白い逸話もありました。

薬師さまの祠は、やはり都営住宅に住んでいた大工さんが建てたものだったそうです。木造トタン張りの簡素なもので、かつての戦災復興住宅を想起させるものでした。

深川薬師さまは、豊洲小学校の方を向いて、子ども達が元気に育つようにと長い間見守ってきましたが、お世話をしていた方々が亡くなった、また豊洲を離れることになったということで、都営住宅の建て替えをきっかけに閉鎖されています。東京都は撤去する方針でしたが、地元の方数名がそのままにして欲しいと要望したことで、工事現場の片隅に残されていました。しかし2020年3月に確認したところ、やはり撤去されたようです。このままなくなってしまうか、都営住宅の建て替え完了後に、再び子ども達を見守るようになるかは、地元の方々の気持ちにかかっているようです。

まちには、必ずと言ってよいほど民間信仰があり、かつては伝説として人々の身近にいくつも伝えられ生活の一部となっていました。民俗学者・柳田国男は、「子どもが聞き手となることで、面白い伝説が伝えられていた。」と言っています。子どもが多くなった湾岸地域ですから、民間信仰や伝説が、途絶えること無く語り継がれることを祈っています。

（№5　2017年4月）

3-3　豊洲の路地

江東エリアの街は、大きな商業施設やオフィスビル、タワーマンションが建つような大きな敷地と広い道路から成り立っていますが、自動車が通れないような狭い道である路地が、ただ一つだけ豊洲4丁目にあります。地下鉄豊洲駅がある豊洲交差点付近で、都営豊洲四丁目アパートの方から晴海通りと三ツ目通りへとそれぞれ抜けることができるY字型の路地がそうです。

豊洲には、戦後、戦災復興住宅の建設によって街ができていきましたが、人々が生活していくためには住宅だけではなく、日用品を購入するための商店も必要でした。そこで、幹線道路である晴海通りと三ツ目通り沿いの敷地には、商店が誘致されることになりました。地主だった東京都から、50坪単位で商業者に土地が売却されていき、現在のように商店が建ち並ぶようになったのです。豊洲には、造船所といった工場で働く人々もたくさんいましたから、次々と開店していった商店は、多くの客で賑わったそうです。

さて、二つの幹線道路が交わる豊洲4丁目の角は、特に多くの人々が行き交うというこ

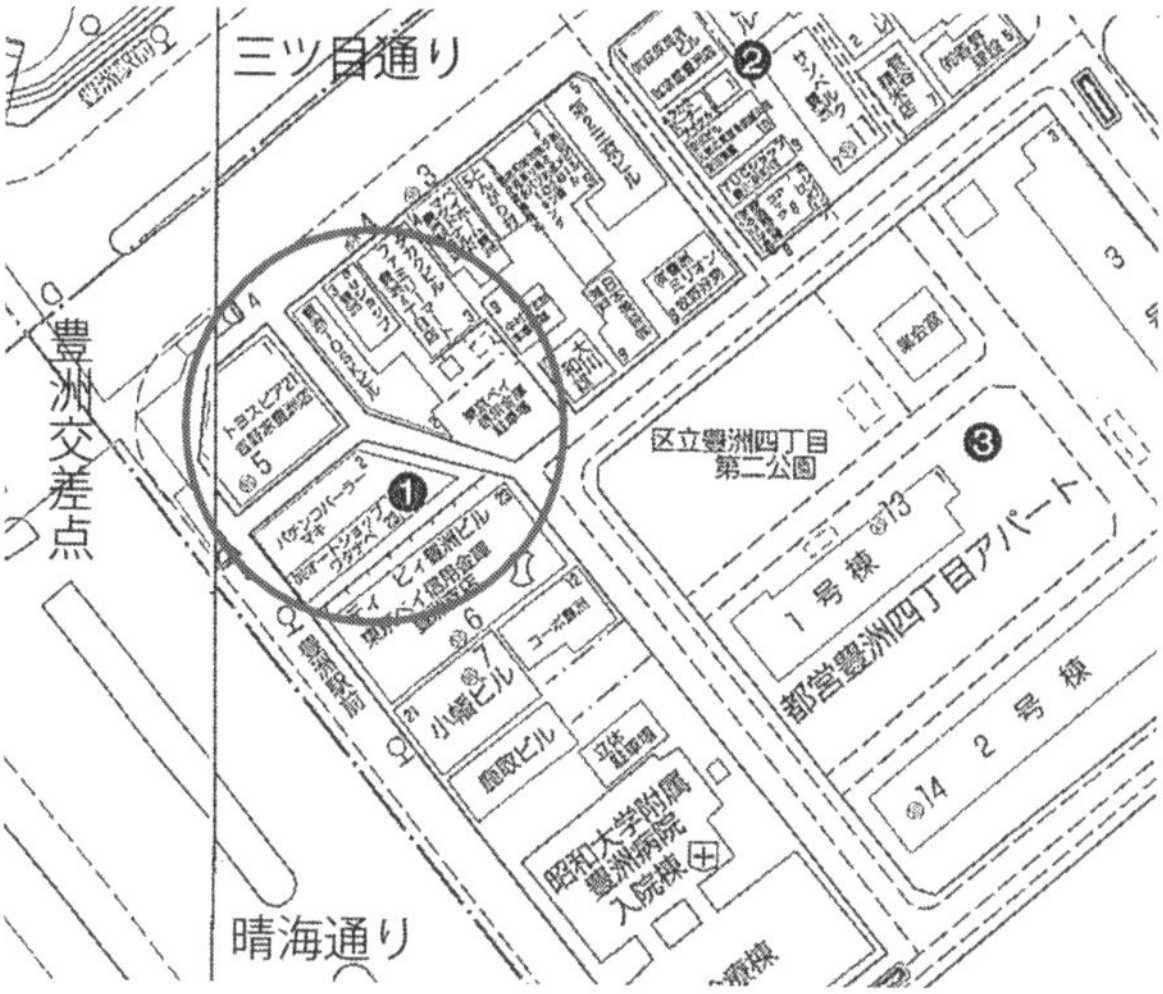

都営アパートから晴海通りと三ツ目通りに抜けられるＹ字型の路地(円内)。

多くの人々が行き交う三ツ目通りに面する路地。ひっそりとしている。

とで、商売には最も適した敷地でした。そこで地元の商業者数名が相談して、共同店舗ビル「豊洲デパート」を建設しようという話が持ち上がりました。商業者らは資金を持ち寄り約400坪の土地を購入したのですが、結局、店舗ビルを建設するまでの資金は集まらず、購入した土地は切り売りされて、角地に90坪の土地が残りました。

結局、この90坪の土地に、現在の共同店舗ビル「豊洲ピア21」などを建てることになったのですが、都営豊洲四丁目アパートからの来客が多いということで、土地が少しずつ提供されて、都営アパートの方から晴海通りと三ツ目通りへ抜けることができる路地を通すことになりました。Y字型の珍しい形状となったのは、路地へと提供する敷地面積を小さくしつつ、店舗の路地に面する部分を少しでも長くするための工夫でした。豊洲の商業者の方々らしい、斬新なアイデアだったと思います。

現在この路地は、鉄筋コンクリートの建物に囲まれ、また自転車も多く駐まっていて殺風景なので、道行く人々は足早に通り過ぎてゆくだけです。しかし、豊洲の街の成り立ちを物語る貴重な存在なのです。

（№6　2017年5月）

3-4 コンビニエンスストア一号店

戦後の江東区豊洲には、工場、住宅、商店に加えて、豊洲小学校と深川第五中学校が昭和20年代に相次いで開校し、人々が暮らす街としての機能が揃っていきました。日本の多くの街と同じように、豊洲は戦後の復興と高度経済成長によって発展していきました。

その豊洲4丁目に、今では我々の生活に必要不可欠な、また世界的に有名になった小売業態であるコンビニエンスストアの一号店ができました。1974（昭和49）年にオープンしたセブン-イレブンの一号店（現：セブン-イレブン豊洲店）です。この一号店は、元々酒屋さんでした。東京都による商店用地の払い下げは、豊洲4丁目の三ツ目通り沿いから始まったので、この酒屋さんは、豊洲では古くに開業したお店の一つでした。

セブン-イレブン一号店を開業した酒屋の店主だった方は、大学生時代に父親が急逝されたので、大学を中退して後を継がれたそうです。当時、造船所や港湾関係施設への配達、またすぐ近くに銭湯があったこともあり、商売は夜遅くまで忙しかったそうで、毎日懸命に働かれていました。経営状況は悪くなかった訳ですが、当時は大型スーパーマーケット

セブン-イレブン豊洲店。この店舗が成功したからこそ、日本にコンビニエンスストアが広まったと言える。

1974年開店当時のセブン-イレブン。https://www.sej.co.jp/company/history/history_03.html より。

が各地に進出し始めた頃で、小売店の経営は徐々に厳しくなることが予想されていました。そこでこの方は、迫り来る酒屋営業の危機にそなえるために、講演会に参加するなどして、大型店に対抗する方法をいろいろと勉強されたそうです。講演会で聞いた米国のコンビニエンスストアチェーンが日本に進出すると知り、そのフランチャイズ店になろうと思い立ち、日本での提携会社に手紙を書いたそうです。その後運良く一号店になることができたのですが、日本では前例のない試みでしたから、開店までの研修や準備、また開店してからも商品の受け取りや陳列、販売システムの調整にいたるまで、ずいぶんと苦労が多かったそうです。当時のセブン-イレブン提携会社の役員から「この青年にかけてみよう」と言われたことが励みになった、とお聞きしました。

現在のセブン-イレブン一号店は、鉄筋コンクリートの建物の中に入っています。地下鉄有楽町線が豊洲まで延伸されることになり、周辺では大規模な再開発が次々と発表されていました。そこで鉄筋コンクリートの建物に建て替えることにして、1992（平成4）年に完成しました。この時の建て替えと新装開店も、経営的なことで大変だったそうです。フロンティア精神に富んだ「豊洲人」だからこそ、幾多の困難を乗り越え、コンビニエンスストアが日本に根付く礎になれたのだと思います。

（№7　2017年6月）

3-5 豊洲4丁目のパークストリート

江東区豊洲4丁目に、街路と公園が一体となったパークストリートがあります。細長い区立豊洲四丁目公園の両側に区道が通るという珍しい構成です。

「豊洲の街と深川薬師」（3-2）に書いた通り、1948（昭和23）年から戦災復興住宅が建てられていき、豊洲4丁目に街が形成されていきました。1954（昭和29）年頃の航空写真を見ると、ごく普通の街路の両側に空き地があり、木造平屋の復興住宅が並んでいたことが分かります。豊洲は東京市によって造成された埋立地ですから、東京都によって街路と復興住宅は整備された訳です。

その後、街路部分が江東区へ移管されて、1960（昭和35）年に豊洲四丁目公園、翌1961年には区道が整備されました。整備されたことは、「江東区公園調書」と「道路台帳」で確認できますが、どうしてパークストリートのデザインになったのかはどこにも書かれていません。当時の豊洲は4丁目が街の中心でした。区立豊洲小学校や豊洲幼稚園、深川第五中学校などが既にあり、復興住宅が鉄筋コンクリート造で1階に店舗をもつ都営

豊洲４丁目付近の航空写真（1975 年国土地理院）。すでにパークストリートの構成になっている。

豊洲４丁目パークストリートの入口（三ツ目通りより）。ここに櫓が建てられて盆踊りが行われていた。

豊洲四丁目アパートに建て替わろうとしていた頃でした。多くの児童・人々が集まるところで、かつ自動車の通行も少なかったことから、公園を街路の中央に配置したのだと考えられます。１９７５（昭和50）年の航空写真を見ると、すでにパークストリートの構成になっていますね。

実際にこのパークストリートは、豊洲のコミュニティの中心でした。現在深川第五中学校で開催されている「豊洲町会納涼盆踊り大会」は、三ツ目通りから入った公園の手前に櫓《やぐら》を建てて開催されていました。また公園は深川消防団の活動拠点で、消防倉庫が設置されています。地元消防団によると、この公園は火災の延焼を防ぐ防火帯の役割も担っているそうです。

パークストリートの公園と豊洲小学校・幼稚園の間は、児童が通学するということで、柵が設置されていて自動車が通行できないようになっています。平日の夕方には、実に多くの子どもと母親が公園で遊び、くつろぎ、おしゃべりを楽しんでいます。都営豊洲四丁目アパートの建て替えとあわせて、さらに魅力的なコミュニティの場に生まれ変わることを期待したいものです。

（No.37　２０１９年12月）

3-6 豊洲埠頭とビッグドラム

豊洲駅から豊洲市場に向かって歩いて行くと、左側に窓がほとんどない巨大な円筒形の建物があります。「ビッグドラム」という愛称をもつ「テプコ豊洲ビル」です。

戦後、焼け野原となった東京を復興するためには、多くの人々が生活できるだけの電気、ガスの供給が必要不可欠でした。しかしGHQ（進駐軍）が、東京港のほぼ全てを接収していたため、燃料となる石炭を船で運び込むことができませんでした。

そこで新たに豊洲埠頭（豊洲6丁目）を埋め立てていくことになりました。豊洲3丁目と5丁目沖から埋め立てられていき、まず豊洲石炭埠頭が1950（昭和25）年に操業を開始し、その後、豊洲エネルギー基地と呼ばれるようになる発電所とガス工場が、さらに鉄鋼埠頭が埋め立てられて整備されました。

東京電力新東京火力発電所は1955（昭和30）年に操業を開始し、翌年には東京瓦斯のガス工場が操業を開始しました。当時は送電ロスを小さくする技術がまだなかったので、遠地から東京まで電気を送ることができませんでした。そこで東京都心部に近いところで

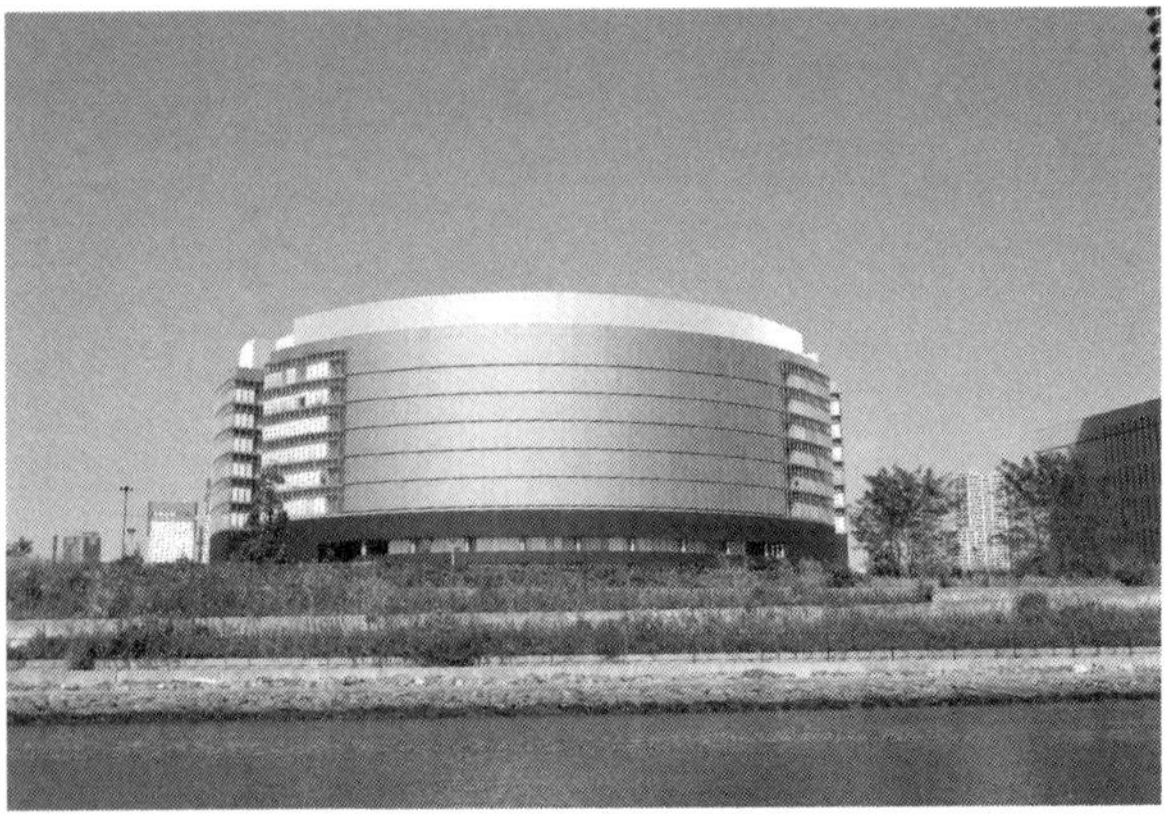

テプコ豊洲ビル（ビッグドラム）。地下に巨大な変電所が入っている。豊洲エネルギー基地の名残。

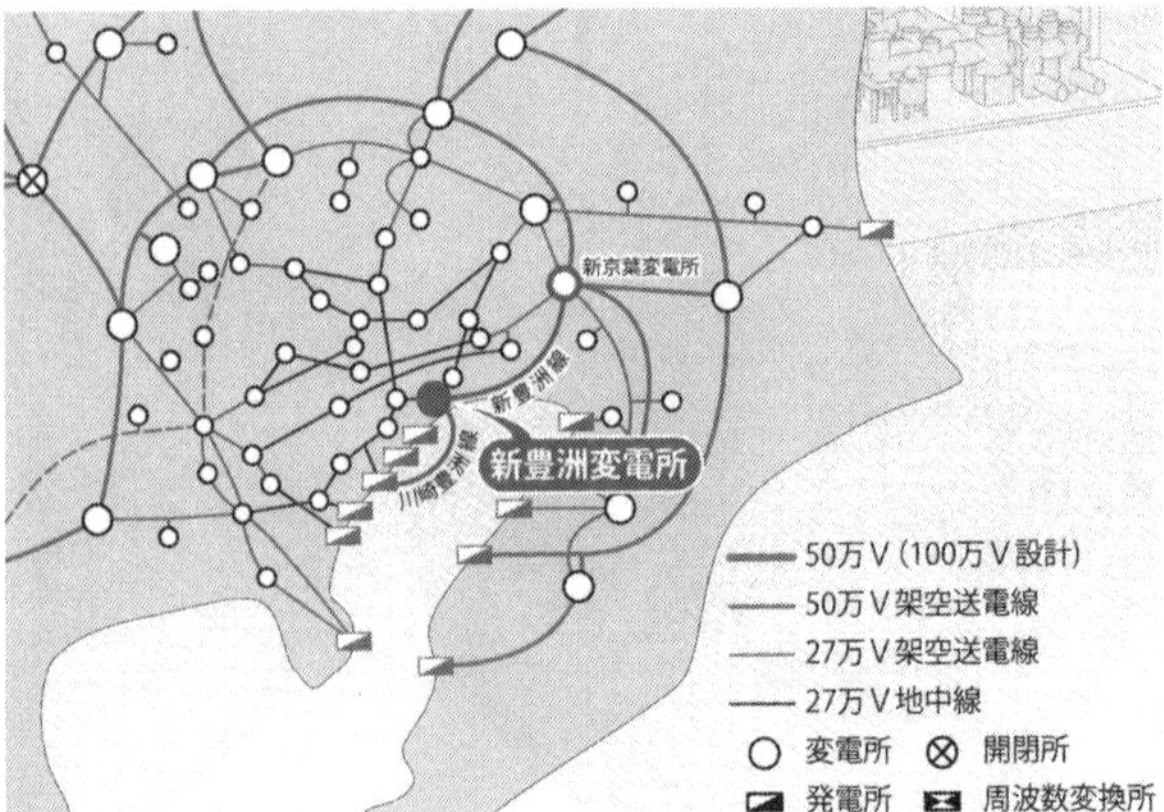

新豊洲変電所と都心への送電網（「新豊洲変電所パンフレット」、東京電力パワーグリッド株式会社）

発電して電気を供給する「局地火力発電所」を建設する必要があったのです。またこのガス工場によって、東京都心部は安定して大量のガスの供給を受けられるようになりました。豊洲エネルギー基地のおかげで、東京は戦後の復興を果たすことができたと言っても過言ではないでしょう。

新東京火力発電所とガス工場は、両方とも1980年代後半に操業を停止しました。テプコ豊洲ビルは、かつて新東京火力発電所があったところに建てられたものです。地下4階地上10階の建物で、地下には新豊洲変電所が入っています。現在では、50万ボルトという高電圧によって、遠地にある発電所からここまで、送電ロスを減らして電気を運ぶ技術が開発されているのです。この変電所は、その高電圧を27万ボルト、6万ボルト、2万ボルトに下げて、東京都心部に送電しています。このような高電圧を受けて送電する地下変電所は、世界初の施設だそうです。変電所が入っている地下空間の大きさは、両国国技館がすっぽり入るほど巨大です。建物が円筒形になっているのは、地下空間にかかる大きな土圧を均等に受け止めて、建物の構造を安定させるためです。エネルギー基地と呼ばれた豊洲は、再開発によって大きく姿を変えましたが、現在も、そしてこれからも、東京を支え続けるのです。

（No.8　2017年7月）

3-7 臨港鉄道と晴海橋梁

江東区豊洲と中央区晴海との間の晴海通り・春海橋に並行して、線路をともなった赤く錆びた鉄橋が残っています。これは晴海橋梁と呼ばれているもので、東京港に張り巡らされていた臨港鉄道の跡です。

豊洲埠頭や晴海埠頭を中心とする東京港は、戦後になって本格的に稼働し始め、船から荷揚げされる大量の物資を陸送するための鉄道が敷設されました。それが、臨港鉄道東京都専用線です。1953(昭和28)年に越中島貨物駅と豊洲埠頭を結ぶ深川線が、その4年後に深川線から分岐する晴海線が開通しました。豊洲埠頭は石炭や鉄鋼の荷揚げを、晴海埠頭は小麦や生鮮食料品関係を荷揚げしていました。1960年代の最盛期には、両線の年間取扱量は170万トンを超えていました。また「豊洲号」という貨物列車が、コークス(ガスを抜き取った石炭)を、北陸地方まで運んでいたそうです。臨港鉄道も、日本・東京の復興と高度経済成長を支えていた一部だったのです。

しかし鉄道による陸送は、徐々にトラックに取って代わられ、1986(昭和61)年に

晴海運河に残る晴海橋梁。日本・東京の復興と高度経済成長を支えた臨港鉄道の記憶を伝えている。

晴海を走る臨港鉄道晴海線（昭和 30 年代、「東京港」東京港開港 50 周年記念事業実行委員会）。左手には前川國男が設計した晴海高層アパートメントが見える。

深川線が、その3年後には晴海線が廃線となりました。豊洲には、線路だけがしばらくは残っていましたが、2000（平成12）年頃から始まった再開発で撤去され、線路のレールだけが豊洲北小学校の脇などでモニュメントとなっています。

この臨港鉄道の記憶を生々しく伝えているのが晴海橋梁で、ここには臨港鉄道の晴海線が通っていました。管轄する東京都港湾局によると、保存するにしても撤去するにしても多額の費用がかかるということで、廃線後もずっと放置されています。赤く錆びついている鉄橋は、ランガー橋という鉄道橋でよく用いられている形式で、橋脚間の長さは約60mあります。

鉄橋は錆びて、また線路には雑草が生い茂っているものの、橋桁の強度は十分だと思われます。そこで地元からは、遊歩道として利用できないかという案がでています。使われなくなった鉄道橋が遊歩道となって生まれ変わった事例は、米国・ニューヨークのハイラインなどが有名で、国内でも横浜や神戸に見られます。大量の荷揚げ物資に代わって、多くの人々が暮らす地域となった訳ですから、まちの記憶を伝え続け、人々が行き交う遊歩道として生まれ変わることを期待しましょう。

（№9　2017年8月）

3-8 豊洲の埠頭

江東区豊洲5丁目の昭和大学江東豊洲病院の先に、海に面してネットフェンスで囲まれて立ち入り禁止になっている一角があります。

人の手が入っていないのか、アスファルト舗装の裂け目からは草が生えていて、再開発が進みタワーマンションといった巨大な建物が林立する豊洲では、ぽっかりと空いたエアポケットのような感じもします。しかしよく見ると、係留する船をロープで固定するためのもやい杭や、船がコンクリートの岸壁に直接ぶつからないようにするゴム製のクッション、鋼鉄製の車止めなどが残っていることに気づきます。

ここは、戦後から１９８０年代まで「豊洲物揚場」と呼ばれていたところで、人々の生活に必要な食料品や日用品が船から陸揚げされていました。岸壁の長さは約５００ｍと大規模で、１９８４（昭和59）年の取り扱い貨物量は、約45万トンだったという記録が残っています。また昭和大学病院から東雲運河に面するところまで、臨港鉄道深川線から分岐した貨物線が通っていました。１９５５（昭和30）年に開通した臨港鉄道豊洲物揚場線で、

豊洲物揚場：もやい杭やゴム製クッション、鋼鉄製の車止めなどが残る。
左奥に、昭和大学江東豊洲病院がある。

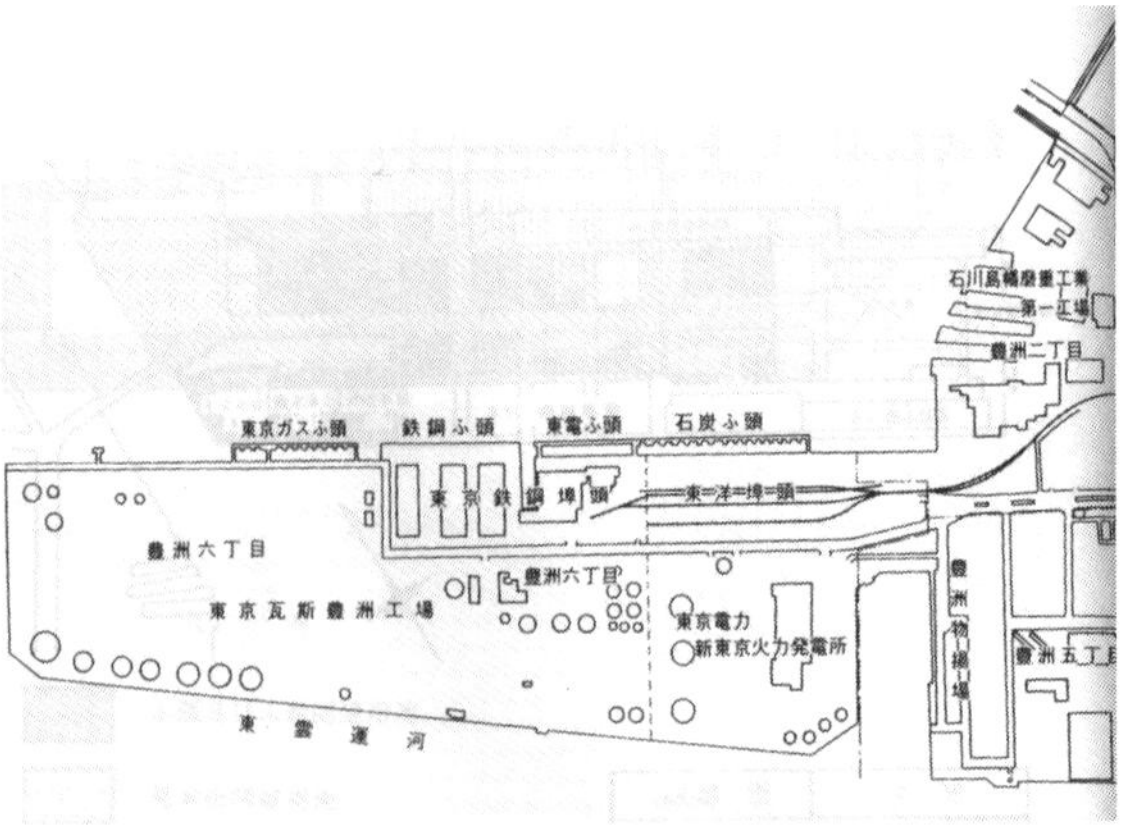

豊洲の埠頭群。「東京港史」（東京都港湾局）

荷揚げされた物資を、越中島貨物駅を経由して日本各地へ運ぶことができました。豊洲は東京だけでなく、日本全体を支えてもいたのです。

この物揚場がフェンスに囲まれてそのまま残されている理由は、都市計画法で定められた「臨港地区」（港湾を管理するための地区）に今でも指定され続けているからです。臨港地区では、港湾機能を維持するために、人々が住むことはできなく、また構造物に関する厳しい規制があります。臨港地区であり続けることで、この物揚場跡は、緊急時には船を着岸させて物資を運び込むことができるようになっています。停電時には、接岸させた船から昭和大学病院へ電気を送ることも想定されています。非常時においても、豊洲は東京を支える拠点になっているのです。

豊洲には、この物揚場のような埠頭がたくさんありました。特に埠頭がたくさん集まっていたのが現在の豊洲6丁目で、石炭埠頭、鉄鋼埠頭、東ガス埠頭、東電埠頭などが並んでいたので、全体が豊洲埠頭と呼ばれていました。これらの埠頭は再開発によって1990年代に姿を消しましたが、この物揚場だったところは、豊洲にかつてたくさんあった埠頭の面影を今でも残しているのです。

（No.31　2019年6月）

3-9 豊洲の坂

埋立地は平坦なものですが、豊洲駅がある豊洲交差点から、都道484号線を豊洲市場のある豊洲6丁目方向に向かっていくと、上がってまたすぐ下がる蒲鉾状の坂があります。

この埋立地では珍しい坂は、昭和30年代に整備された防潮堤の一部なのです。1958(昭和32)年から1959年にかけて、狩野川《かのがわ》台風や伊勢湾台風などの大型台風が相次いで日本に上陸し、各地に大きな被害をもたらしました。被害の中で、高潮による洪水の被害が深刻だったために、防潮堤が整備されていったのです。

東京湾岸地域の防潮堤としては、海抜(A.P.)5・6mぐらいの高さまでそそり立つコンクリートの壁になっているところが多く、運河では水門が、道路と交差するところは「陸閘《りっこう》」と呼ばれる鋼鉄の扉が設置されます。陸閘は、陸上の水門といった感じのものですが、自動車交通量が多く幅員も広い幹線道路では、場所をとり、かつ開閉に時間がかかるため設置は困難です。そこで道路を盛り土して、防潮堤の代わりにしたのです。つまりこの豊洲の坂を境界にして、豊洲交差点側は高潮などによる洪水から守られて、豊洲6丁

防潮堤の一部だった豊洲の坂。上がってすぐ下がる蒲鉾状になっている。右側のコンクリート壁も防潮堤の跡で、手前に坂を下っていった先の角には陸閘もあった。

1989年当時の豊洲の防潮堤ライン（国土地理院2019年航空写真を加工）。

目側は水没を余儀なくされることになっていました。

当時の豊洲6丁目は、豊洲埠頭と呼ばれていた通り、大型の船が多く接岸し、発電所やガス工場などに石炭などを運び込んでいたため、防潮堤をつくることができませんでした。このような船が接岸するところを「臨港地区」と呼び、かつては人が住むことはできませんでした。

現在の豊洲6丁目は、市場がありタワーマンションや学校もある通り、すでに臨港地区ではありません。埠頭としての役割がなくなり、臨港地区からも外れました。そして、2000年代からの再開発が行われる時に、6丁目全体を盛り土して、防潮堤と同じ高さの地盤としました。この盛り土と既存の防潮堤によって、豊洲全体が洪水の被害を免れる仕組みになっています。このような埋立地全体をかさ上げして開発する方法は、オランダのアムステルダムなどでも見られます。

江東区東雲の晴海通りなどにも、防潮堤の一部としてつくられた坂があります。これらの坂に注目することによっても、湾岸地域の開発の歴史を読み解くことができるのです。

（No.26　2019年1月）

3-10 水上派出所

船に乗って運河をめぐると、普段陸上で見ているものとは全く違うまちの表情に気づかされ、また陸上からでは全く気づかない建物を見つけられます。

豊洲運河、東雲運河、辰巳運河、砂町運河、東雲北運河という計5本の運河の交差路に面する豊洲4丁目角に、鉄筋コンクリート2階建ての小さな建物があります。これは「東京湾岸警察署豊洲運河水上派出所」です。派出所から堤防を越えて階段で水際に下りたところには、警視庁の警備艇がよく停泊しています。

水上派出所は、陸上の派出所とは違って警備艇の係留・待機場所なので、一般市民が立ち寄るところではありません。警備艇は、パトロールを定期的に行うことで運河の状態を監視して、水上から地域の安全を守っています。豊洲に隣接する枝川は、運河が樹木の枝のように分かれていることから付けられた地名であるように、この辺りは特に運河が多いのです。5本の運河を使って縦横無尽に地域を移動できるということで、派出所が設置されたようです。特に、台風や高潮などで水門が閉鎖されることで、江東エリアの水面が孤

豊洲運河水上派出所。東京湾岸警察署・警備艇の係留・待機場所となっている。

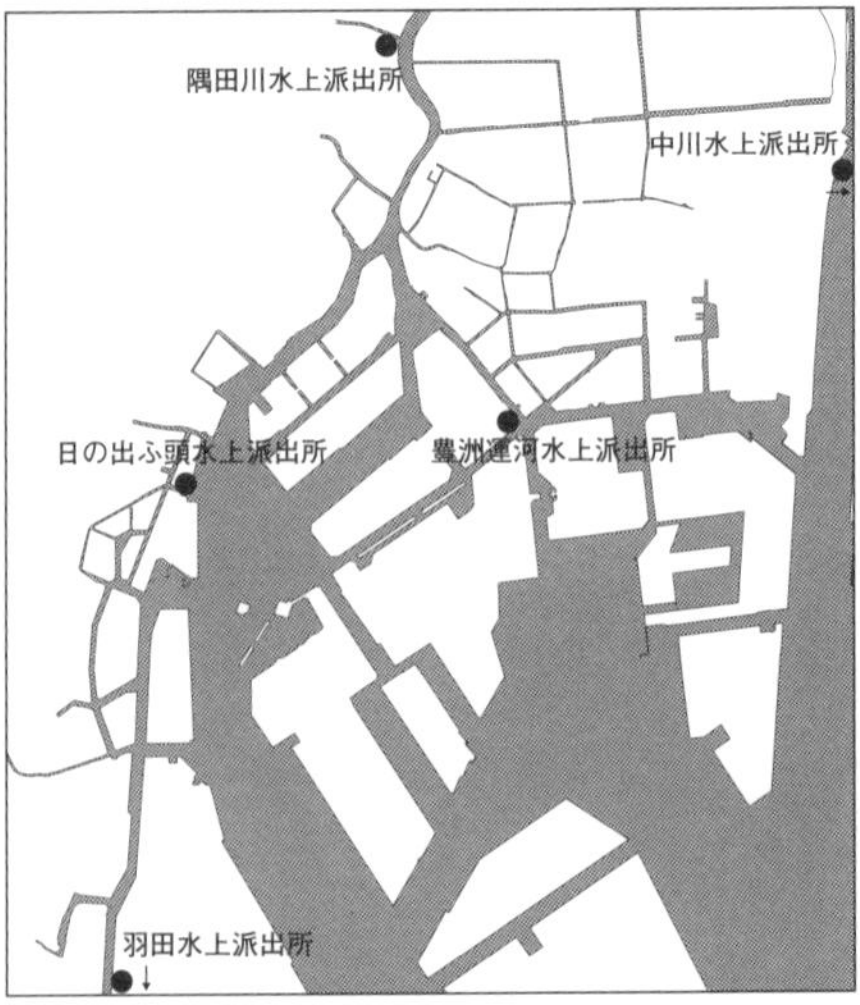

東京湾岸地域の水上派出所の位置。

立する場合に活動拠点となります。

水上派出所は、1883(明治16)年に佃島(中央区佃1丁目)に水上警察署佃島派出所が設置されたのが最初のようです。佃島は江戸湊の入口に位置し、昭和初期まで水上交通の中心でしたから、やはり派出所を設置するにはうってつけの場所でした。東京にはかつて水上警察署があり、2007年に東京湾岸警察署になりました。これも湾岸地域の変容を物語っていると思います。現在、東京湾岸警察署管内には、豊洲運河以外に、隅田川と神田川の角に「隅田川水上派出所」、中川と新川の角に「中川水上派出所」、芝浦地区へと入る日の出水門脇に「日の出ふ頭水上派出所」、海老取川沿いに「羽田水上派出所」の計5つの水上派出所があります。

かつて水上輸送が盛んだった頃には、水辺や水上にも人々の生活の場がありました。陸上に道路網が整備されて、水上輸送はほとんどなくなりましたが、河川・運河は都市環境を良好にする役割をもち、また人々の憩いの場としても大切な空間であり続けています。水上派出所は、東京湾岸地域にとって重要な施設であり、かつこの地域の象徴と言えるでしょう。

(No.14　2018年1月)

4章 東雲・辰巳

成り立ち　東雲1丁目は1933（昭和8）年に埋め立てが完成し、「6号地」と呼ばれた。東雲2丁目は1965（昭和40）年に埋め立てが完成し「11号地」と呼ばれた。

辰巳は「7号地」と呼ばれた。

地名由来　東雲は、1938（昭和13）年に、明け方にたなびく雲で、夜明け・あかつき・あけぼのを意味することから決定。

辰巳は、十二支で表した辰巳の方向、つまり南東の方角であることから決定。1968（昭和43）年の住居表示制度実施にともない現在の町名となる。

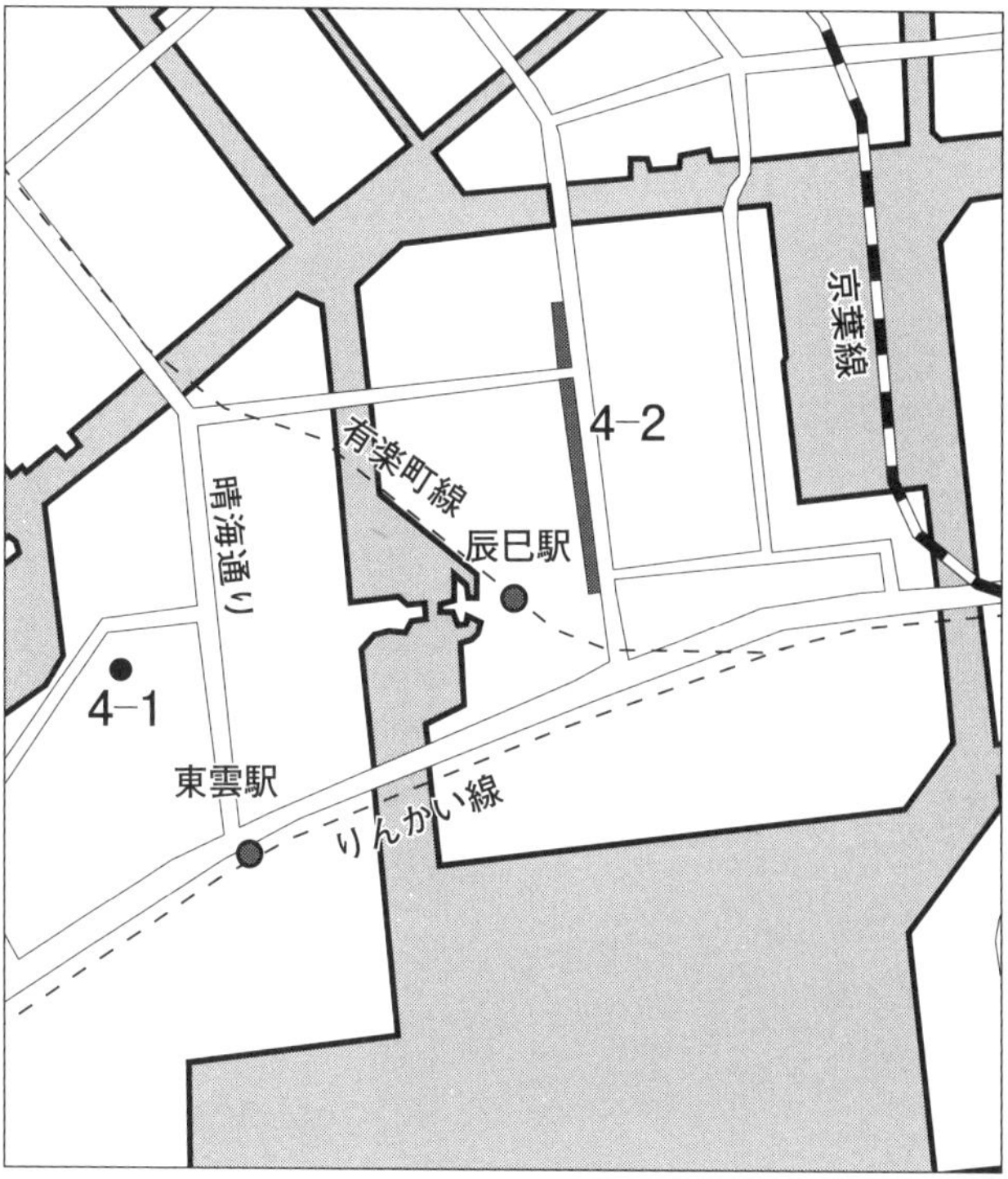

東雲・辰巳

4-1 東雲の防潮堤と街

江東区東雲の晴海通りを下って行くと、東雲1丁目と2丁目の間に「豊洲の坂」（3-9）と同じような坂があります。まさしくこれは防潮堤の一部なのですが、街の形成は豊洲とかなり異なります。

現在の東雲1丁目は「隅田川口改良工事」の埋め立ての順番から「6号地」と呼ばれ、1933（昭和8）年に埋め立てが完成しました。4号地の中央区晴海が1931年、5号地の豊洲が1932年と、まさに三兄弟のように埋め立てられました。しかし東雲2丁目にあたるところは、11号地で1965（昭和40）年とかなり後に造成されました。「東雲の坂」の両側には、1962（昭和37）年につくられた土手状の防潮堤が続いていますが、これは6号地の名残と言ってよいでしょう。土手状の防潮堤というのは、江東エリアでは珍しいものです。その後防潮堤は1972（昭和47）年にコンクリート壁で補強されました。

晴海通りから西へ少し入ったところにある交差点「東雲二丁目団地前」には、巨大な鋼

東雲・晴海通りの坂

鉄の扉・陸閘《りっこう》が、その傍らには土手状防潮堤の緑地を利用した「こどもの広場」があります。これらは東雲の埋め立てと街の形成の歴史が読み取れる興味深いところなのです。

１９７９（昭和54）年に完成・開校した都営東雲二丁目団地と東雲小学校のあたりは、盛り土されて晴海通り周辺よりも３ｍほど高い地盤になっています。そこは１９７０年代まで運河だったところで、東雲と有明は現在のように陸続きではありませんでした。運河部分を埋め立てた時に、土地のレベルを高くして、防潮堤のような機能をもたせたのです。このようなことから、東雲は他の埋立地と違って坂が多い街となりました。

他の湾岸地域と同様に、東雲の街も高度経

東雲の1962年に整備された防波堤跡に開設された「こどもの広場」。右側のコンクリート壁は、1972年に補強された防潮堤。

済成長期に形成されていき、1996(平成8)年の東京臨海高速鉄道りんかい線の東雲駅開業にあわせて再開発が進み、1997年には東雲2丁目の「トミンタワー東雲」が完成しました。このトミンタワー周辺は、東雲図書館などの公共施設があるということで、やはり盛り土されています。2005年には1丁目の三菱製鋼跡地に「東雲キャナルコートCODAN」が完成しました。ここは防潮堤の内側なので盛り土はされていません。工場と倉庫、商店、住宅、公共施設が土地の高低差と関係をもちながら混在する独特の街になっていきました。

(№32 2019年7月)

4-2 辰巳の土塁

江東区辰巳は、埋立地ながら緑が豊富です。その理由の一つが、昭和30年代に整備された防潮堤とその周辺が、都立辰巳の森緑道公園になっているからです。この緑道公園では、三ツ目通りから新木場方向に延びる桜並木がドラマの撮影などにもよく使われています。ソメイヨシノやオオシマザクラが４００本ほど植えられているそうで、満開の桜はとても見事で、また芝生の広場があることから、毎年家族連れなど多くの花見客で賑わいます。

緑に囲まれているので、どこにあるのか分かりづらい防潮堤ですが、実はこの桜並木が防潮堤の一部なのです。桜並木から北側の道路を見ると、斜面になっているので地盤が低くなっていくのが分かりますし、三ツ目通りを見ても、緑道公園から北側が緩やかな下り坂になっています。

さてその三ツ目通りの西側の車道と歩道の間に、防潮堤か、はたまた城壁かと思うような、樹木がうっそうと茂る土塁が続いています。このような規模の大きい土塁が道路上に設けられるのは珍しいことです。車道と歩道・自転車道を区切っていることからも分かるよう

都立辰巳の森緑道公園の桜並木

辰巳、三ツ目通りの土塁。うっそうとした樹木が、車道空間と自転車道・歩道・辰巳団地を分離している。

に、この土塁は、三ツ目通りと首都高9号深川線を走る大型車輌からの排気ガスを食い止めるために築かれました。西側の都営辰巳団地は昭和40年代初期に形成されましたが、ここに住む人々の住環境をこの土塁と緑道公園の緑が守ってきたのです。この団地は現在建て替え工事が始まっていますが、これからもこの土塁が住環境を守っていくことでしょう。

三ツ目通りの東側に目をやると、広大な辰巳の森海浜公園があります。2020年の東京オリンピック・パラリンピック大会に向けて、アクアティクスセンターの建設と合わせて、公園の再整備も進んでいます。すでに一部が完成しており、見違えるような空間になりつつあります。オリンピック・パラリンピック期間中は、一般市民の使用は制約されるかもしれませんが、多目的広場やゴルフ練習場、少年広場、バーベキュー広場などは、これまで以上に市民に親しまれ、利用されると思います。

辰巳の森緑道公園でも、アクアティクスセンターと東京辰巳国際水泳競技場へのアプローチとなる桜並木周辺で、公衆トイレの整備や園路のバリアフリー化が進んでいます。辰巳は、2020年の東京オリンピック・パラリンピック大会を契機に、さらに魅力的な緑の島となることでしょう。

（No.34　2019年9月）

5章　有明

成り立ち

有明1丁目と2丁目が、1953（昭和28）年から1961（昭和36）年にかけて埋め立て完成。第10号埋立地。

地名由来

「有明の月・有明の灯」などとも言われ、夜明けに残る月の様子であるが、すがすがしさを感じさせることから決定。

1961（昭和36）年から1962年に、旧町名「深川有明町」（1丁目から5丁目）となった。1968（昭和43）年の住居表示制度実施により「有明」へ。

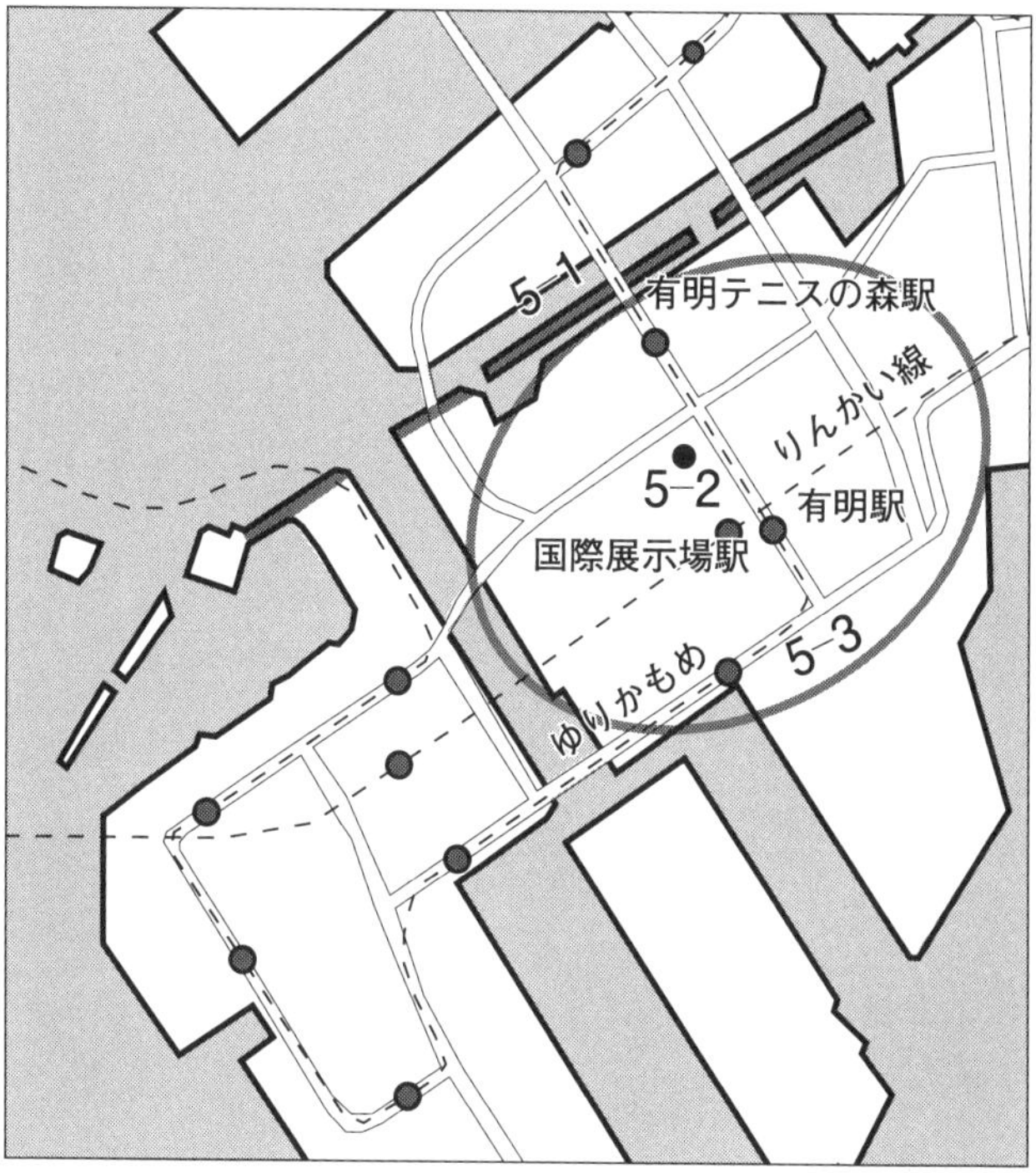

有明地区

5-1 東京港旧防波堤

江東区有明1丁目と豊洲埠頭（6丁目）に挟まれた東雲運河に、樹木で覆われた細長い島があります。これは、1941（昭和16）年に開港した東京港の防波堤として築かれたものです。東京港の埠頭は、竹芝（港区海岸1丁目）、日の出（海岸2丁目）、芝浦（海岸3丁目）などにありましたが、当時はまだ、13号地と呼ばれた臨海副都心の埋立地などがなかったので、波浪を避けて静穏な内港を保つために、東雲から台場にかけて防波堤を築く必要があったのです。

現在は、防波堤としての役目はなくなったので、「旧防波堤」などと呼ばれています。またその後、本格的な防波堤を建設する計画があったので、「仮防波堤」とも呼ばれました。しかし野面石積みの頑丈な造りなので、今でもしっかりとその姿をとどめています。

東京港は、せっかく開港したのですが、すぐに太平洋戦争が勃発したためにほとんど使用されず、その機能が発揮されるのは戦後まで待たなければなりませんでした。

旧防波堤がうっそうとした樹木に覆われているのは、戦後に植林されたからです。最も

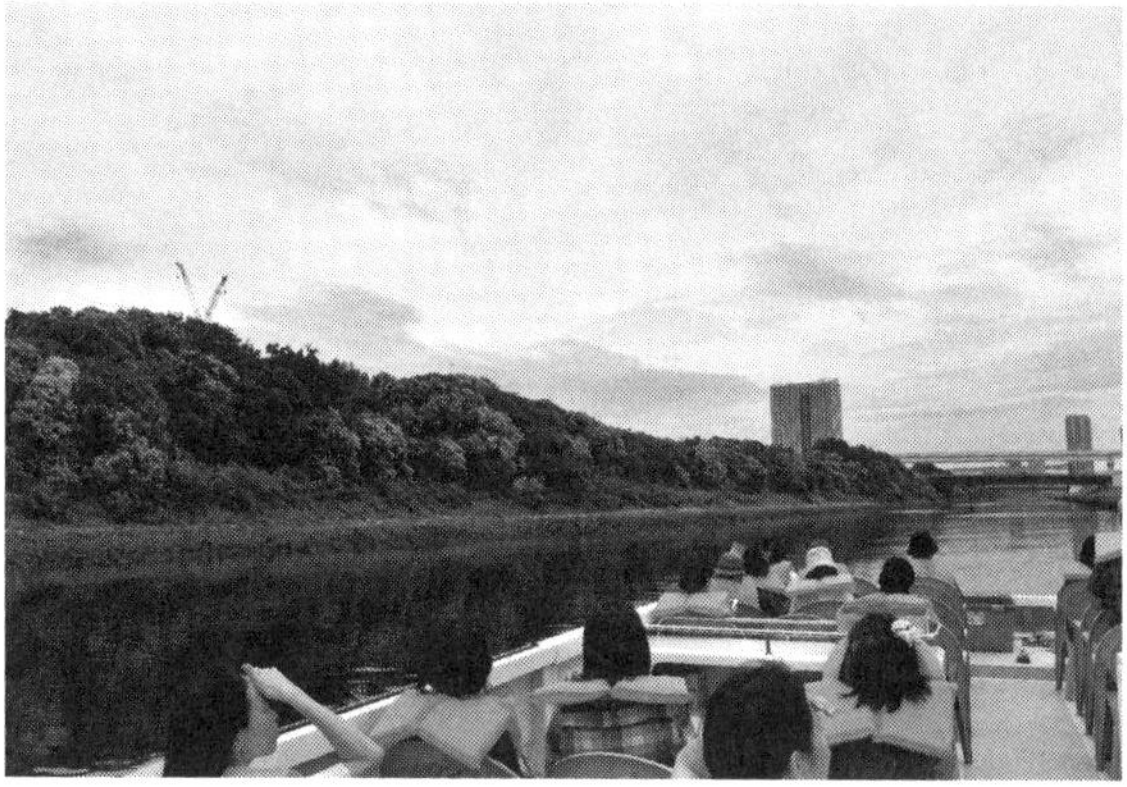

樹木がうっそうと生い茂る東京港旧防波堤

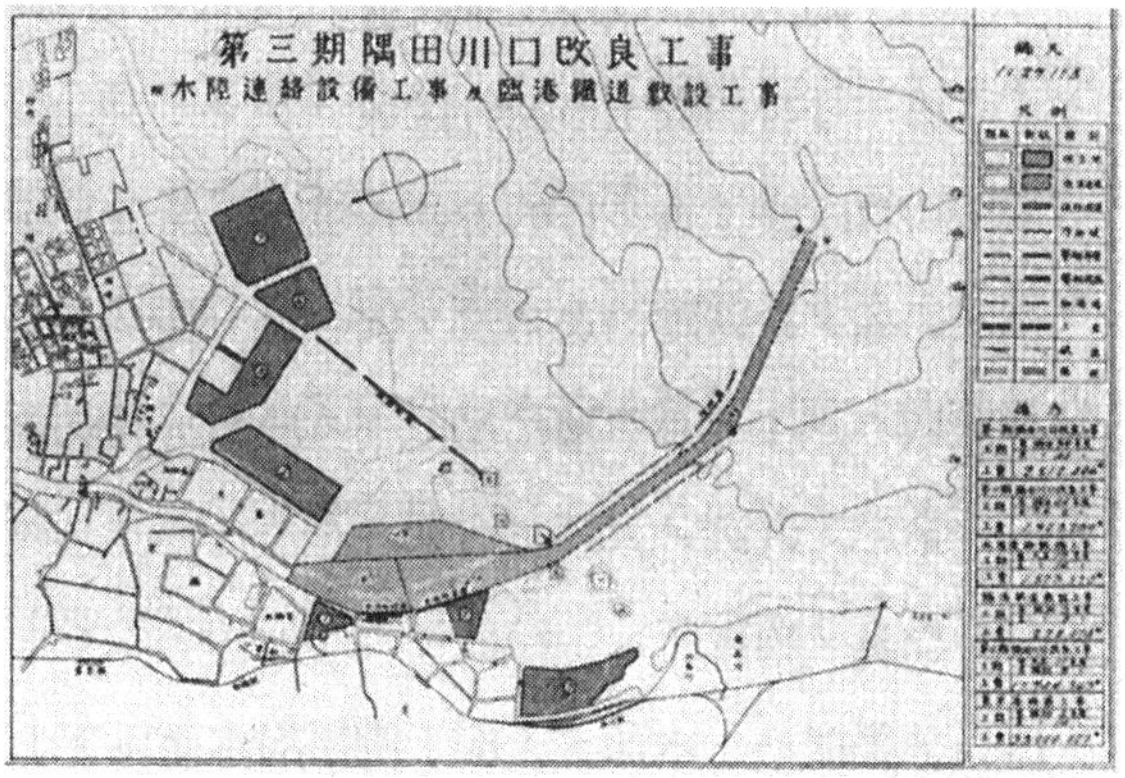

第三期隅田川口改良工事図「東京港史」(東京都)。防波堤が、東雲から南西方向の第三台場へ真っ直ぐに伸びている。

数が多いのはトウネズミモチという外来種で、潮風や公害に強いということで、高度経済成長期に湾岸部の埋立地で多く植林されました。他にもムクノキやクロマツ、ケヤキが数本ありますが、これらは自生したものと考えられます。これらの樹木群は、野鳥の格好の住み処となっており、サギなどが営巣しています。この近辺では他にも、カワウやウミウ、カモメやカモといった水鳥を多く目にすることができます。実際に、第三台場の先にある旧防波堤の一部は「鳥の島」と呼ばれており、時々観察ツアーが行われています。

また旧防波堤周辺の水域には魚も多く生息しており、ボラやハゼなどを目にすることができます。

この旧防波堤は、土木学会によって「日本の近代土木遺産」に指定されている通り、東京湾岸地域の歴史を物語っています。しかし残念なことに、埋め立て工事などによって、その一部が失われてしまっています。私はこの旧防波堤をしっかり保存すべきだと思っています。皆さんがそう思ってくれるか分かりませんが、ここを気に入っている水鳥や魚は、自分たちの住み処が確保されるので、きっと喜んでくれると思います。

（No.4　2017年3月）

5-2　有明小判騒動

基本的に埋立地は、すくいとった海底の土砂を用いて造られますが、地下鉄工事といった土木工事や大規模な建築工事で排出される残土と呼ばれる大量の土砂を用いるようにもなりました。

埋立地は一見同じようですが、実は都内各地から運ばれてきた様々な土砂が入り交じっているのです。そこで何ともロマンチックというかミステリアスな出来事が、江東区有明でかつて起こりました。

第1回東京オリンピック・パラリンピック大会が開催された1964（昭和39）年の3月、当時の有明海岸（現在の有明2丁目）で慶長小判が発見されて一大騒動になったのです。最初に小判を発見したのは近くに住む中学生で、現在の有明テニスの森の辺りで、13日の午後に4枚、14日に8枚、15日に1枚、23日に2枚の計15枚を見つけて、深川警察署に届けました。日銀の鑑定で、1601（慶長6）年に徳川家康の命令で鋳造・発行された一両小判「慶長小判」であることが判明しました。

小判発見のニュースに沸いて、有明海岸はさながらゴールドラッシュのようだった。(『江東区史』)

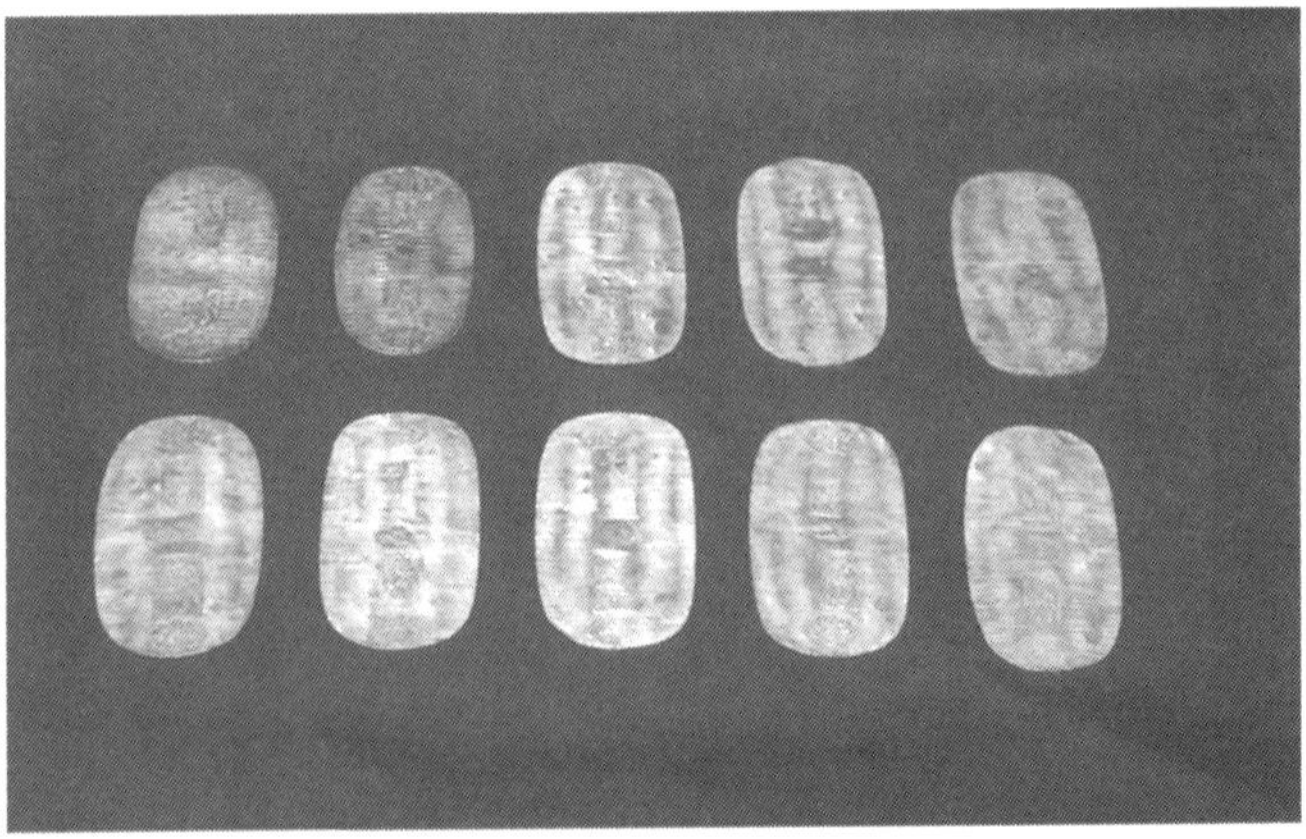

「TOKYO ミナトリエ」で時折公開される慶長小判。

小判発見のニュースを聞いて、たくさんの人々が有明に押し寄せました。その様子は、「潮干狩りのようなにぎわいぶり」だったそうです。4月1日には、川崎市に住む男性が13枚の小判を発見し、7日までに他の8人が9枚、合計37枚の慶長小判を発見しました。さながらゴールドラッシュですね。

さて、発見された小判はどこから来たのか。小判のほとんどは、ドロ土の中約30㎝の深さから見つかったそうです。様々な憶測がありましたが、結局、土砂がどこから運ばれてきたのか突き止められなかったため、由来は特定できませんでした。そこで土地所有者である東京都と発見者が、小判を折半することになりました。東京都は8枚を所有しており、青梅のフロンティアビル内にある「TOKYOミナトリエ」で時折公開します。

発見された慶長小判の価格ですが、某テレビ番組では、10枚で1650万円と鑑定されたそうです。第一発見者の中学生の正直さに心を打たれますね。

東京2020オリンピック・パラリンピック大会では、有明テニスの森、有明アリーナ、有明体操競技場、有明アーバンスポーツパークが整備されて、有明の地で多くの競技が開催されます。今度は有明が、日本のゴールドメダルラッシュで沸くことを期待したいものです。

(№11　2017年10月)

他にもあったゴールドラッシュ

有明でのゴールドラッシュからさかのぼること8年前の1956（昭和31）年5月に、江東区深川加崎町で、埋め立て工事中の土砂に小判が交ざっているのを現場作業員が発見し、地元の警察署に届け出ました。現在の江東運転免許試験場などがある江東区東陽2丁目、新砂1丁目あたりです。

このゴールドラッシュでは、小判の出所が判明しました。土砂は、中央区銀座の婦人服・雑貨の専門店「小松ストアー」が、本館の建物を建て替える際に出た残土でした。小判は有明と同じく慶長小判などでした。小松ストアーを経営する小坂家は、将軍家の「御用商人」だったので、小判を蓄えていたのだろうと推測されています。

小判が発見された埋め立て現場は、やはりたくさんの人々がつめかけて大騒ぎだったそうです。数日間にわたる調査の結果、208枚の小判が見つかりました。

小坂家は、「見つかった小判は貴重な文化財である。国に寄贈して多くの人々に見てもらいたい」という意向で、小判は台東区上野にある東京国立博物館に収蔵されています。これもまた、私利私欲のない美しい話ですね。

5-3　有明と帯状の都市デザイン

江東区東雲から有明へと延びるバス通りに、「東雲都橋」という停留所があります。ここにはかつて運河があり、そこに都橋という橋が架かっていました。バス停脇の「都橋交番」にもその名をとどめています。都橋がどこに架かっていたかは、バス通りが盛り上がっているので分かりやすいです。通りを盛り土した理由は、「豊洲の坂」（3-9）や「東雲の防潮堤と街」（4-1）に書きました通り、防潮堤の一部となっているからです。

かつてこの都橋が唯一の玄関口であった埋立地有明は、昭和初期から埋め立てが開始され、現在の1丁目・2丁目のあたりが、1953（昭和28）年から1961（昭和36）年にかけて完成しました。戦前には、この有明も含めて万国博覧会が開催される計画があったことは、「晴海・豊洲・東雲・有明で、日本万国博覧会の計画があった！」（2-1）で紹介しました。また有明2丁目では1964（昭和39）年に小判が発見されるというミステリアスな事件「有明小判騒動」（5-2）もありました。

さて、有明は戦後から市街化されていき、1丁目は、「東京港旧防波堤」（5-1）との

東雲都橋の名前を残すバス停と歩道橋。ここがかつては、唯一の有明への入口だった。

間の海上が貯木場だったことから、木材関係の工場や倉庫が多く建ち並んでいました。今でも倉庫などがタワーマンションの間にいくつか残っているので、かつての様子を想像することができます。2丁目には「東雲飛行場」や「東雲ゴルフ場」がありました。このゴルフ場が、1983（昭和58）年に「有明テニスの森公園」になりました。3丁目は1988（昭和63）年に策定された「臨海部副都心開発基本計画」にもとづいて整備されていきました。公園のような巨大な遊歩道であるプロムナード沿いに、商業施設や事務所ビルが整然と建ち並んでいるのはそのためです。東京ビッグサイトを含めて、多くの施設が1996（平成8）年頃にオープンしました。

航空写真（国土地理院、2019 年）。有明は、東京都心に近い方から、帯状に土地利用が異なる。

かつて貯木場だった1丁目地先の海上は、2005（平成17）年に埋め立てられ、そこに有明アリーナや有明体操競技場、有明アーバンスポーツパークといった東京2020オリンピック・パラリンピック大会の競技会場が整備され、さらにその周辺は、有明親水海浜公園として整備されます。

東京都は、競技会場が建ち並ぶところを「有明レガシーエリア」として整備し、スポーツとイベントで賑わうまちにするとしています。有明には、戦後の復興から高度経済成長期、バブル景気期、東京2020オリンピック・パラリンピック期と、帯状に特徴ある都市デザインがあることも、レガシーの一部に位置づけて欲しいと思っています。（№33　2019年8月）

6章　青海・台場・東八潮

成り立ち

１９６３（昭和38）年から埋め立てが開始され、１９７４（昭和49）年に一部が「13号地」として完成。

地名由来

青海：臨海部の将来のシンボルゾーンにふさわしい町名として、すがすがしく、すぐれたさまを意味して決定。

台場：江戸末期に建造された海上砲台・品川台場に由来する。

東八潮：多くの潮路＝未来への出発点として、また発展に寄与できるようにと願いを込めて「八潮路」「八重潮路」などの言葉に使われていることから付けられた町名「八潮」地区の東に位置していることから決められた。

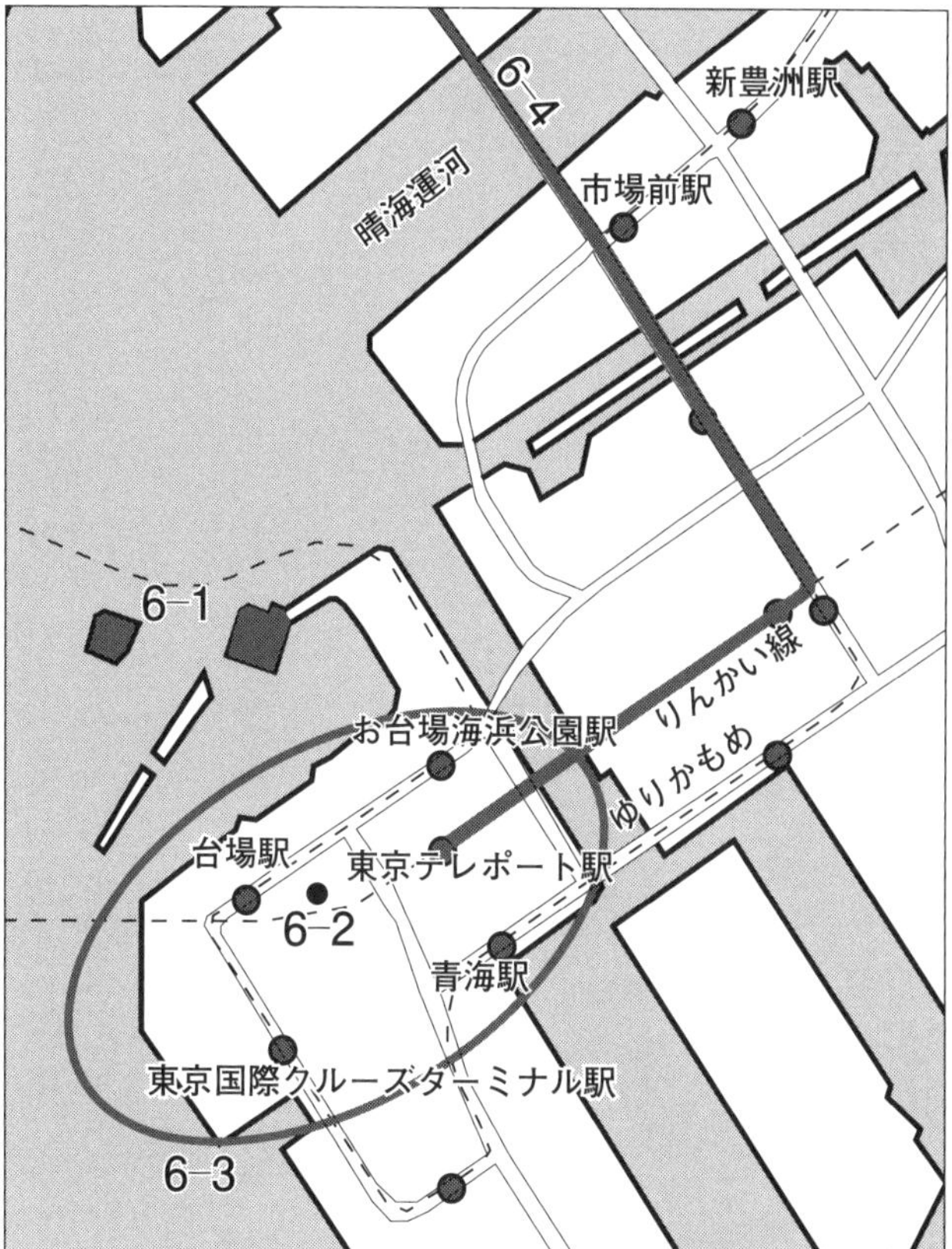
6-4
新豊洲駅
市場前駅
晴海運河
6-1
りんかい線
お台場海浜公園駅
ゆりかもめ
台場駅
東京テレポート駅
6-2
青海駅
東京国際クルーズターミナル駅
6-3

青海・台場・東八潮

6―1　品川台場と東京湾の地形

幕末に築かれた沿岸砲台・品川台場は、現在も第三台場と第六台場の２つが残っており、開国の歴史を伝えるものとして国の史跡に指定されています。米国・ペリー艦隊の再来に備えるために、１８５３年８月に設計が始まり、翌１８５４年11月までに６基の海上台場と御殿山下台場の計７基が突貫工事の末に完成しました。

台場１基の大きさは１２０～１７０ｍ四方で、周囲は石垣で張り巡らされてなかなか立派です。さて、現代のような建設機材がなかった当時に、どうやって1年4ヶ月という短期間に完成させることができたのでしょうか。

東京湾最深部は、隅田川といった河川が土砂を運んでくるため、遠浅の海となっていました。品川台場が築かれた辺りは、目黒川が運んでくる土砂もあったため、天王洲という地名がある通り、陸地から海側に向かって出洲《です》が延びていたと伝えられています。このように、澪筋《みおすじ》という航路以外はかなり水深が浅く、干潮時には洲となるところもあったのです。台場の位置は、洲と澪筋を把握して水深が浅いところを前提として決められました。

陸続きになっているのが第三台場、孤島になっているのが第六台場。1992 年航空写真（国土地理院）

左の木々が第三台場で、レインボーブリッジ橋脚脇が第六台場。

特に第一台場は、浅瀬を埋め立てて陸続きのようにして石や砂利、土といった資材を運んだとも伝えられています。

品川台場は、伊豆韮山代官で、韮山反射炉の建造を手がけたことで知られる江川英龍《ひでたつ》が設計したことはよく知られています。彼は砲術や海防に優れた知識をもっていましたが、東京湾の地形にも精髄していたのでしょうか。

それにしても、海上での築造工事は大変だったようです。工事作業は、まず台場の中心部となるところ数カ所に、丸太で群列基礎杭を打ち込んで、杭の間には石をはめ込ませ、波で流されないような島を造りました。それを起点として台場を形づくっていったようですが、現在も工事方法の詳細は不明です。

品川台場の痕跡は他にもいくつか残っています。品川区の台場小学校は御殿山下台場の跡に建てられたので、その敷地形状はかつての台場の名残をとどめており、その正門脇には、台場の石垣の石を使用したモニュメントが設置されています。また、中央区晴海埠頭公園には、撤去された台場の石が使用されています。

（№13　２０１７年12月）

6-2　FCGビルと東京計画1960

湾岸地域でもっとも目立つデザインの建物は、お台場地区のフジテレビ本社が入るFCG（フジサンケイ・コミュニケーション・グループ）ビルと言えるでしょう。世界的にも有名な建築家・丹下健三（故人）の設計によるもので、1996（平成8）年に完成しました。丹下は有明地区に、やはり印象的なデザインのTFT（東京ファッションタウン）ビルも設計しました。

さて、丹下は「東京計画1960」という、東京湾岸地域を中心とする都市イメージをかつて提案しました。この提案では、皇居を発端として千葉県木更津方向へと東京湾を横断する高速道路の都市軸がとても印象的です。丹下は、東京のような求心型放射状システムは都市構造を硬直化するということで、発展によっていくらでも延伸可能な線型平行射状システムに変革する必要があると提案しました。当時、美しい模型などで表現されたこの提案は、建築・都市分野だけではなく、広く社会へも衝撃を与えました。

都市の延伸可能な線型システムは、戦後に打ち出されたデンマーク・コペンハーゲン市

ＦＣＧビル。フジテレビ本社が入っている。

丹下健三による「東京計画 1960」の全体図。東京の発展のエネルギーを模式化した。『東京計画 1960 その構造改革の提案』丹下健三研究室、1961 年（写真：川添明男）

の都市計画「フィンガープラン」が有名です。また先進的な都市計画で知られているブラジル・クリチバ市も、市街地が線状に延伸するシステムになっています。

丹下は、この提案は都市の発展のエネルギーを模式化したものだとし、東京湾を横断する高速道路の都市軸などが実際に実現するとは思っていなかったようですが、その後、東京湾の埋め立ては中央防波堤の先まで進んでおり、これは木更津方向にあたります。また、東京湾アクアラインは、都市軸にはなっていませんが、東京と木更津を結ぶ高速道路です。臨海副都心のセンタープロムナードとウエストプロムナードは、丹下の描いた都市軸に影響されたと言えるでしょう。また、中止となった「世界都市博」に関連していた「東京テレポート構想」は、国際化や金融、情報という新たな都市の発展エネルギーをコンセプトとしたものでした。

東京湾岸地域の発展を予見していた丹下は、地域全体の設計は結局できませんでしたが、FCGビルやTFTビルといった建築プロジェクトにおける空中回廊や大階段のデザインによって、開かれた情報発信拠点と新しい都市におけるコミュニケーション・スペースを実現したのです。

（№16　2018年3月）

6-3　3区にまたがる臨海副都心

２０２０年7月の開業に向けて急ピッチで工事が進んでいる江東区青海の「東京国際クルーズターミナル」周辺を歩き回ると、潮風公園は品川区東八潮、お台場海浜公園は港区台場と、３つの区の土地が入り組んでいることに気づきます。

青海・東八潮・台場があるのは、１９７４（昭和49）年に一部が完成した13号地埋立地と呼ばれるところです。13号地は、埋め立て工事車両が江東区内を通っていたことから、暫定的に江東区が特別区としての事務処理をしていました。その後、品川台場群の所属などが理由となって、江東区・品川区・港区の間で帰属問題が起き、その後の東京都の調停によって、１９８２（昭和57）年に3つの区に分割されることが決まりました。

13号地埋立地は3区にまたがることになりましたが、１９８５（昭和60）年に発表された「情報通信の港・テレコミュニケーション」がコンセプトとなる「東京テレポート構想」によって整備されることが決まり、１９８７（昭和62）年に策定された「第２次東京都長期計画」で、有明を含めた計４４８ヘクタールが、「臨海副都心」という第7番目の

ウエストプロムナード。臨海副都心は整った街並みだが、土地は江東区、港区、品川区の３区に分かれている。

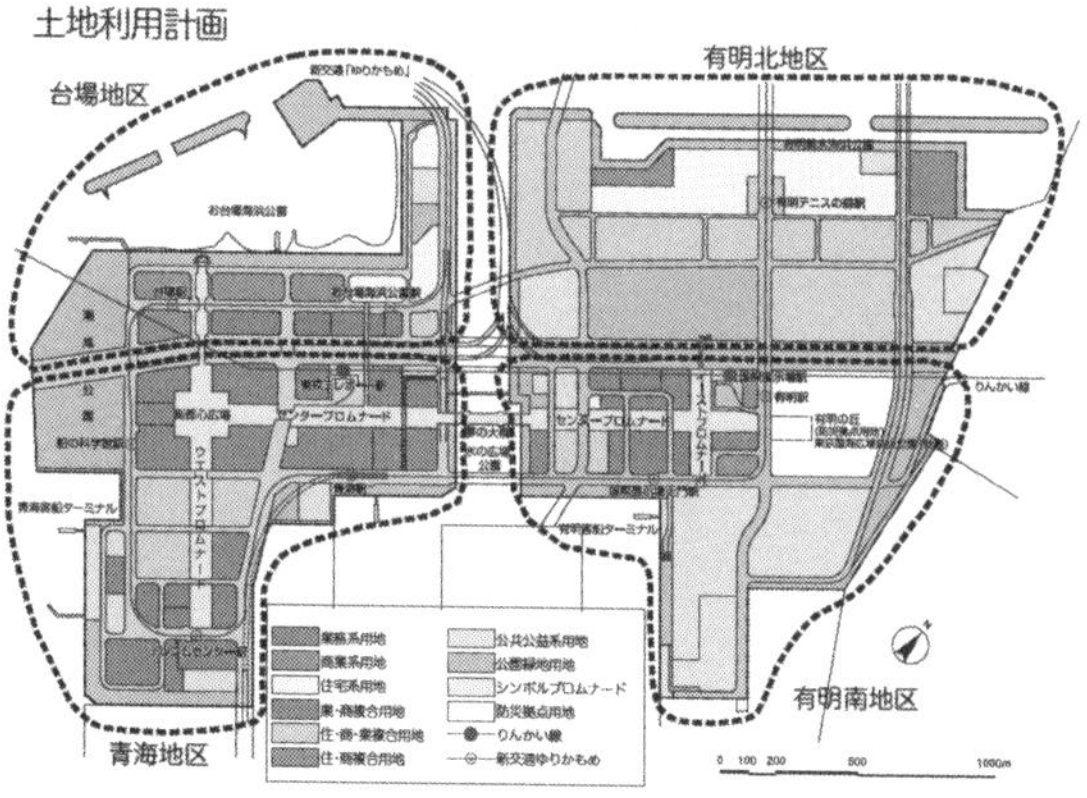

臨海副都心土地利用図（「臨海副都心　まちづくりガイドライン」2007年、東京都）

副都心と位置づけられました。そして、1988年の「臨海部副都心開発基本計画」によって、プロムナードやお台場海浜公園の整備が位置づけられ、広大な緑地をもつ整った街がつくられていったのです。東京湾岸地域で、これだけの面積の地区が一つの計画で整備されたのは、この臨海副都心が最初で最後です。

1995（平成7）年の「世界都市博覧会」中止によって、臨海副都心の整備はしばらく滞りましたが、都心と臨海副都心を結ぶレインボーブリッジが1993年に架橋され、ゆりかもめのお台場駅が1995年開業、港区立お台場学園が1996年開校、ヴィーナスフォートが1998年開業などと、徐々に市街地ができあがっていきました。

また臨海副都心の地下には、「共同溝」と呼ばれる電気、ガス、上下水道、情報通信ケーブル、地域冷暖房配管が収容されているトンネルが張り巡らされています。3区にまたがることになりましたが、東京でもっとも一体的に整備された土地となりました。「海の森」と「令和島」となった中央防波堤も、13号地埋立地のように、江東区と大田区の足並みがそろって、一体的に整備されることを期待したいですね。

（No.35　2019年10月）

6-4 環状2号線とBRT

豊洲6丁目と晴海を結ぶ「豊洲大橋」、および築地と勝どきを結ぶ「築地大橋」は、東京都中央卸売市場の豊洲への移転が延期となったことで、完成後しばらく使用されないでいましたが、２０１８年11月に開通して、湾岸地域の交通網は改善しつつあります。しかし豊洲大橋と築地大橋を通る（通称）環状2号線の全面開通は、市場の移転が延期したために、やはり延期になっています。環状2号線は、東京都心部と湾岸地域の交通事情を大幅に改善するものなので、その全面開通が待ち遠しいですね。

さて、同じく延期となっているのが、環状2号線を通り港区新橋・虎ノ門地区と豊洲、有明、臨海副都心といった湾岸地域を結ぶ公共交通となるＢＲＴ（Bus Rapid Transit の略）というバス高速輸送システムです。このシステムは、道路にバス専用レーンを設けることで渋滞による遅れを防ぎ、また2～3両の車体をつなぎ合わせた連結バスを運行させることで、大量の人員を一気に安定して運ぶことができる仕組みのことを指します。

ＢＲＴは、地下鉄や路面電車と比べて建設コストが低くなるので、発展途上国などで採用されています。有名なのが、ブラジルのクリチバ市です。何種類ものバスがこのシステムで運行されており、快適な公共交通網が形成されています。クリチバ市では、専用レーンを走る3連結の赤いバスが特に知られています。

クリチバ市の成功によって、世界的にこのシステムの導入が進みました。日本では、東日本大震災後のJR気仙沼線・大船渡線の復旧で、一部にこのシステムが導入されています。環状2号線でのBRTでは、バス専用レーンは設けられないものの、燃料電池車が導入される予定になっており注目されています。

環状2号線BRTの意義は、東京では、路面電車だった都電以来の久しぶりの地上を走る本格的な公共交通の導入だと思います。地上を走る公共交通では、車窓の風景を楽しむことができ、かつ何か面白そうなものを見つけたら、すぐに下車することもできます。特に、この環状2号線BRTでは、東京港や隅田川、運河などの風景を楽しむことができるので、このBRTを使いながらまち歩きをする人々も増えるでしょう。

東京2020オリンピック・パラリンピック大会までには、このBRTはプレ運行することが発表されています。東京2020大会は、何かと待ち遠しいですね。

（No.15　2018年2月）

環状２号線BRT連結車輌のイメージ。『東京BRTパンフレット』（東京都都市整備局）

ブラジル・クリチバ市の３連結バス

7章　夢の島・新木場

成り立ち

夢の島：埋め立ては1939（昭和14）年に始められ、14号地と呼ばれた。当初は飛行場が建設される予定だった。戦後、遊園地などが計画された。

新木場：夢の島と同じく14号地。「東京港第二次改訂港湾計画」1966（昭和41）年～1975（昭和50）年に基づき、防災拠点構想が進められる中で、木材流通基地の整備がされた。

地名由来

夢の島：戦後、いつの間にか「夢の島」と呼ばれていた。1969（昭和44）年に江東区へ編入された時に、正式な町名となった。

新木場：木材流通基地にちなんで、1972（昭和47）年に江東区へ編入された時に町名となった。

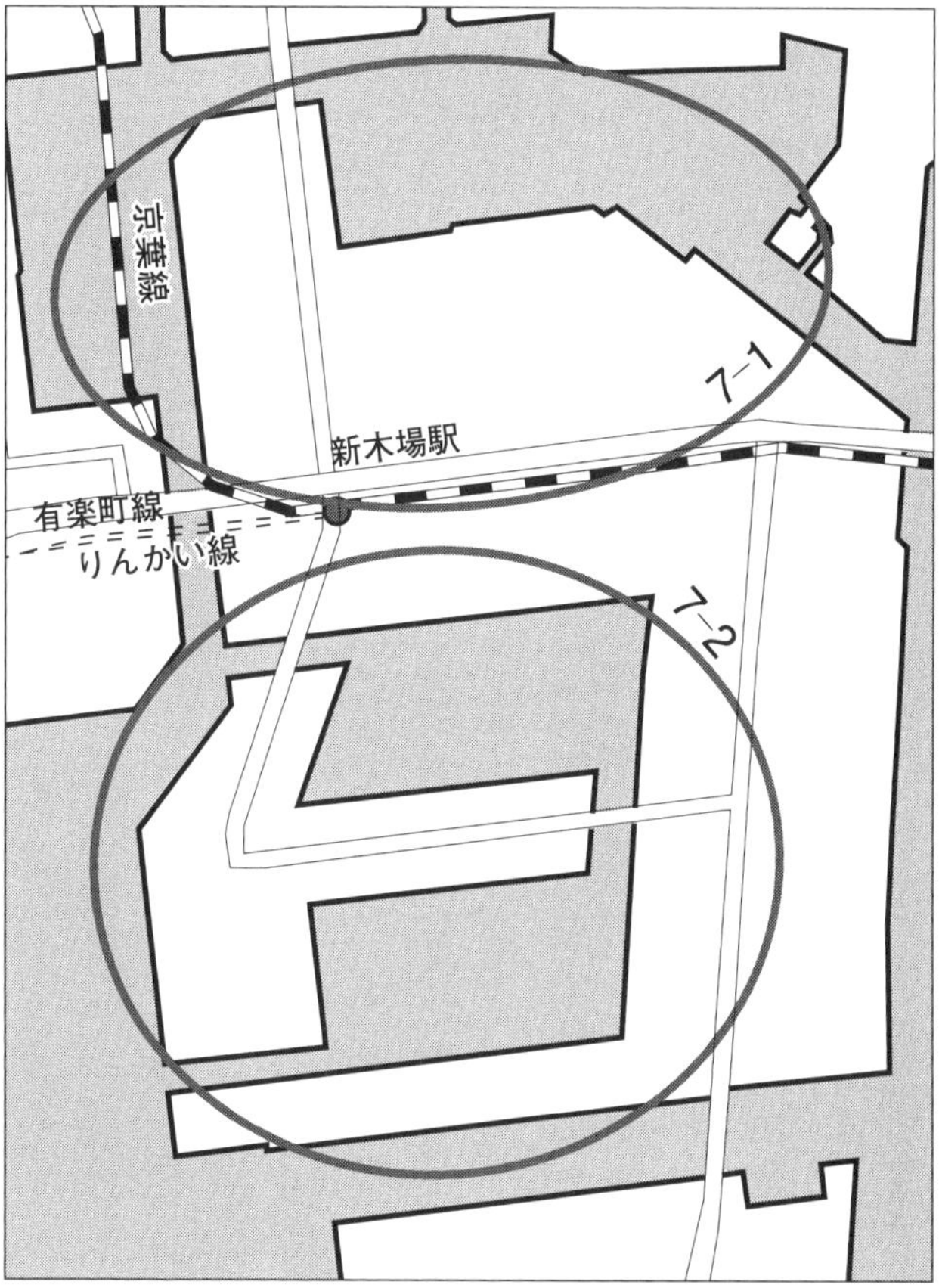

夢の島・新木場

7-1 夢の島

東京湾岸部の埋立地の地名には、希望に満ちたものが多くあります。「豊洲：将来の発展を期す豊かな洲」、「東雲：明け方にたなびく雲」、「有明：夜が明けてくる頃」などがありますが、最も希望をストレートに表現した地名は「夢の島」でしょう。

江東区内では、1922（大正11）年には、現在の塩浜2丁目にあった洲崎飛行場が使用されていました。この飛行場では、週1回のペースで東京―大阪間の定期貨物輸送便などが運航されていましたが、昭和に入る頃になると、さらに多くの定期貨物輸送が行われるようになり、日本の航空界は急速に発展していきました。

急速な航空界の拡大を受けて、東京湾岸地域では、1931（昭和6）年に羽田空港が民間飛行場として完成しました。しかし羽田空港も、都心から18㎞と遠く、周辺が重工業地帯になることが予想されていて、飛行場の拡張性における限界が指摘されていたなどの課題がありました。

さらに昭和10年代に入ると、中国大陸や南方への航空路が拡大し、また航空機の大型化、

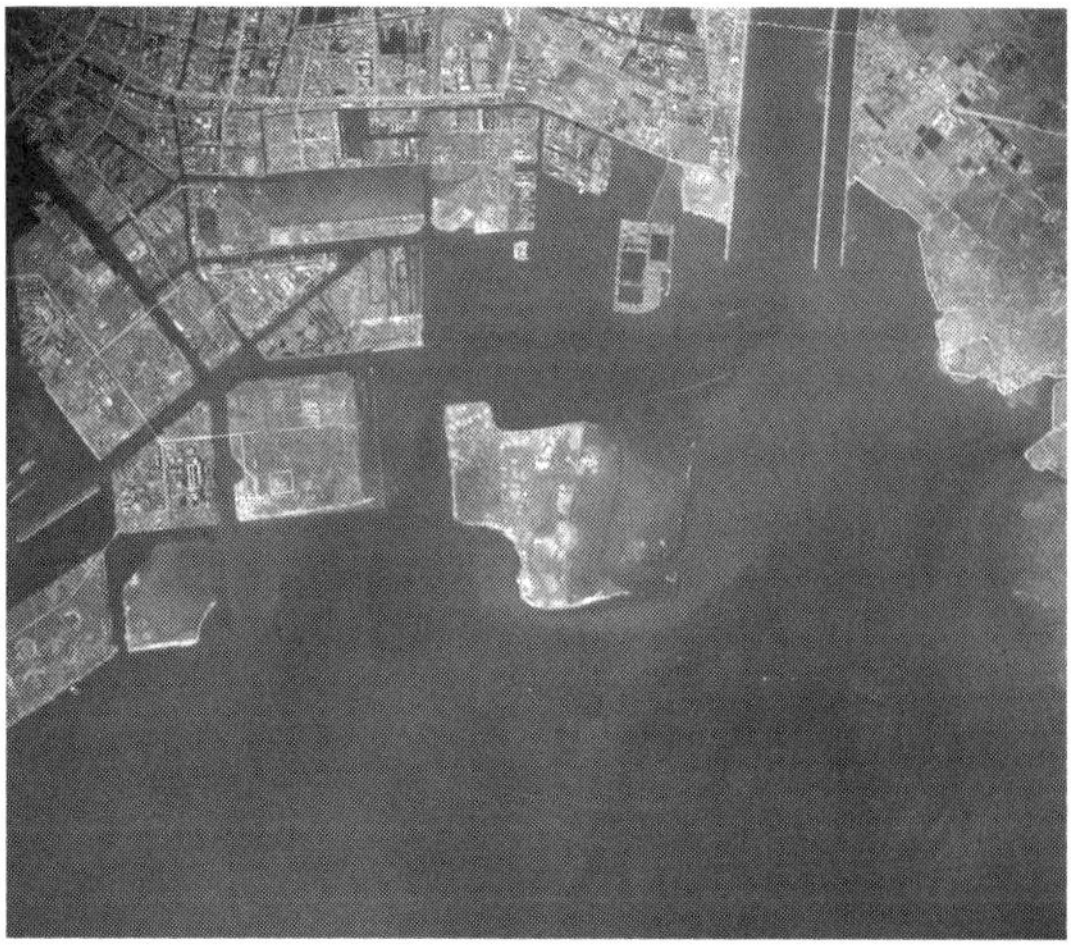

中央の島が「夢の島」。人工島だが美しい島だった。1947年航空写真（国土地理院）

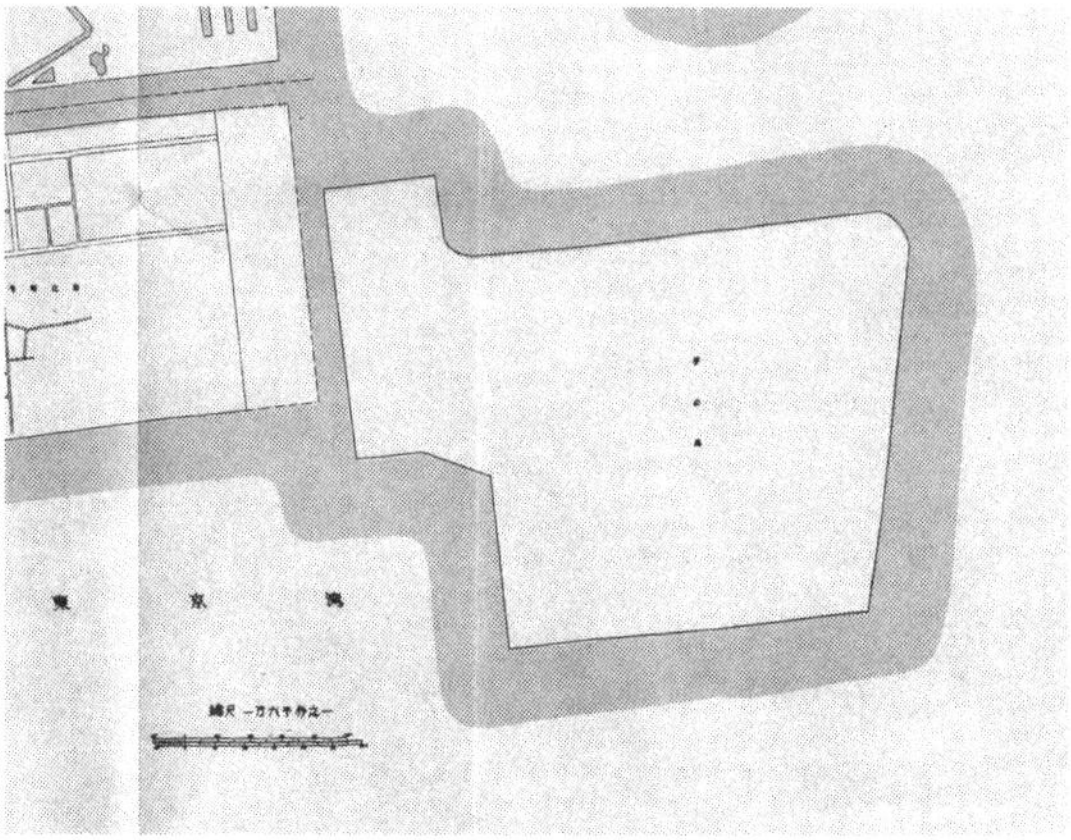

夢の島1957年地図『江東区史』。すでに「夢の島」と書き込まれている。

軍事的な見地からの要請もあり、広大な飛行場の必要性が高まっていました。

そこで白羽の矢が立ったのが夢の島となる地で、当時の城東区南砂町地先海面及び深川区洲崎沖第7号地埋立地の東側海面を埋め立てて国際飛行場を建設することが、1938（昭和13）年に決定しました。しかし戦局が悪化していき、ついには終戦を迎えたことで埋め立て工事は中止されました。跡には、干潮時に海面から1～3m露出した土地だけが残ったのです。

戦後の一時期、この埋立地は海水浴場として使われていました。当時のことを記憶している方によると、「海面から浮き出た、それは本当に夢のように美しい島」だったということです。またそこには遊園地をつくる計画もあったそうです。そこでいつしか人々から「夢の島」と呼ばれるようになり、この地が江東区に1969（昭和44）年に編入された時に、正式に町名「夢の島」となりました。

残念なことに夢の島は、1957（昭和32）年に、ごみの埋立処分場・14号埋立地となってしまい、美しい島は夢と消えてしまい、現在に至っています。しかし、東京2020オリンピック・パラリンピック大会では、夢の島も競技会場として使用されます。人々に夢を見させてくれる島として復活することを願いたいものです。（No.10　2017年9月）

7-2　木材のための埋立地　新木場

ＪＲ新木場駅で下りて、明治通りへと続く道を南に下って行くと、「千石橋」という橋があります。これはかつて木材の一大集積地だった木場の一部にあたる江東区千石の地名に由来するものです。

建築材料などとして重要だった木材の集積地は、江戸時代のはじめには現在の江東区佐賀あたりに設けられましたが、江戸の市街地の拡大にともない、大火を起こす恐れがあるということで、貯木場を備えた江戸の東際に移されました。これが現在の江東区木場周辺です。１７０１（元禄14）年に、十数名の木材問屋が造成地を買い付け、この地はその後「深川木場町」という町名になりました。この深川木場町の周辺も、木材集積地に隣接していたことから、「木場」と呼ばれるようになっていきました。１９３１（昭和６）年に、千田町の南部と石島町の南部が合併してできた現在の江東区千石は、俗に木場と呼ばれたエリアでした。

時は経ち、戦後の復興と経済成長のために大量の木材が必要となり、昭和30年代には、

千石橋（手前の欄干）と第１貯木場。新木場は、木場にならって整備された。

木場は世界有数の木材事業者と木材の集積地となりました。最盛期には１０００を超える木材関係事業者の拠点となり、東京首都圏の木材需要の7割以上を取り扱ったと言われています。そして木場の地では手狭となったことや、木材運搬車輌の排気ガスが公害問題となっていったことなどから、木材事業者は１９７４（昭和49）年から少しずつ新木場の地へと転出していき、１９８２（昭和57）年に６００以上の事業者が移転したことで、木材の街・新木場が誕生しました。

新木場となった14号埋立地は、１９７２（昭和47）年に江東区に編入され、その後木材の集積地となるべく第１・第2貯木場が整備され、それぞれの入口や境界に、千石橋、南千石橋、

昭和60年頃の新木場。『東京港』（東京港開港50周年記念事業実行委員会、1991）

東千石橋が架けられました。まさに木場になって整備されたのです。新木場の最盛期にはこの二つの貯木場では足りず、辰巳の南側にも貯木場が設けられました。木場と新木場は、東京の戦後の復興と発展を支え続けたのです。

しかし昭和の終わり頃から、木材の需要は急激に減少していき、また流通の変化や加工済外国材の輸入が増えたことから、現在では新木場の貯木場からは木材（丸太）は姿を消しました。空になった貯木場では、地元の若手木材事業者が、木材を使ったフローティングハウスを造る「海床プロジェクト」に取り組んでいます。木場・新木場の歴史を伝え、木材のための埋立地を使う面白い取り組みだと思います。

（№36　2019年11月）

8章　東陽・塩浜・枝川・潮見

東陽：東陽町、平井町、豊住町、洲崎弁天町、加崎町にあたる地区が、1967（昭和42）年に東陽となった。

成り立ち

塩浜：1921（大正10）年埋め立て完成。
枝川：1928（昭和3）年埋め立て完成。
潮見：埋め立ては大正末期からで8号地と呼ばれたが、完成は1967（昭和42）年。

東陽：町の発展を願って付けられたと言われるが、東陽尋常小学校の校名に由来するという説もある。

地名由来

塩浜：1968（昭和43）年の住居表示制度実施で、浜園町と塩崎町の名からとられた。
枝川：「枝川改良工事計画」に由来する。
潮見：「潮の香のただよう地」から付けられた。

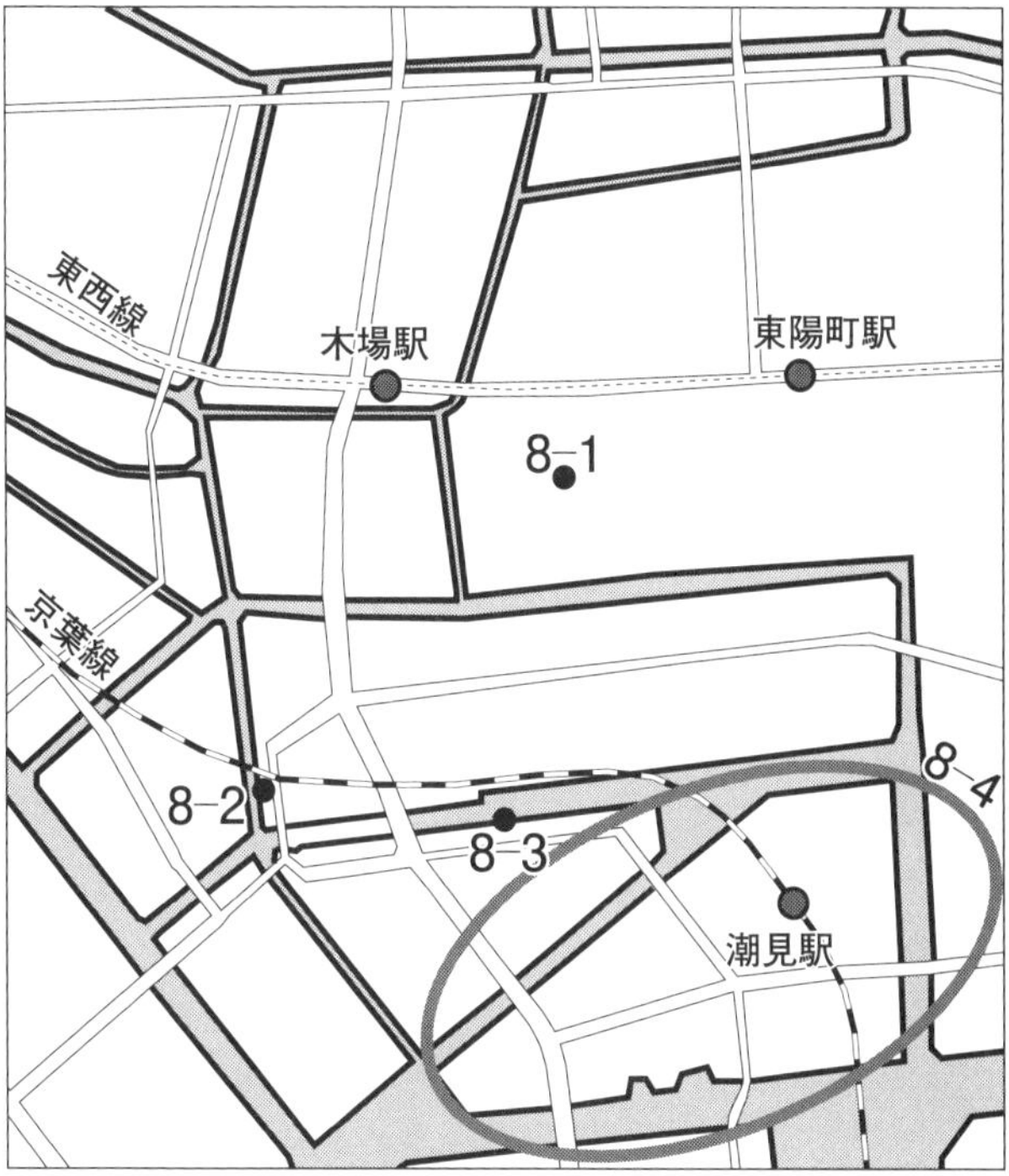

東陽・塩浜・枝川・潮見

8-1　東陽1丁目　近代化以降最初の埋立地の街

永代通りから南に入ったところにある江東区東陽1丁目は、周辺とは明らかに異なる碁盤の目状の街路構成であり、また汐浜運河などに囲まれるため行き止まりの街路が多いという特徴があります。

ここは、運河を越えた西側に洲崎弁天社と呼ばれた洲崎神社があることから、洲崎弁天町（通称：洲崎）と呼ばれていたところで、文京区の根津から移転してきた遊廓がありました。明治のはじめ、文京区本郷に東京大学ができるということで、近くにあった根津遊廓が洲崎に移転することになったのです。洲崎弁天社沖合の埋め立てが完成したのは1887（明治20）年5月で、一号地と呼ばれた中央区月島の完成1892年よりも5年早いものでした。明治の近代化以降、東京湾岸地域で、大規模に埋め立てられて街が形成された最初の土地と言えます。

廓とは、堀や土塁で囲まれた土地を意味します。同じ江東区内、亀戸3丁目の亀戸天神社の北に遊廓があったのも、北十間川と横十間川に囲まれていて、廓をつくりやすかった

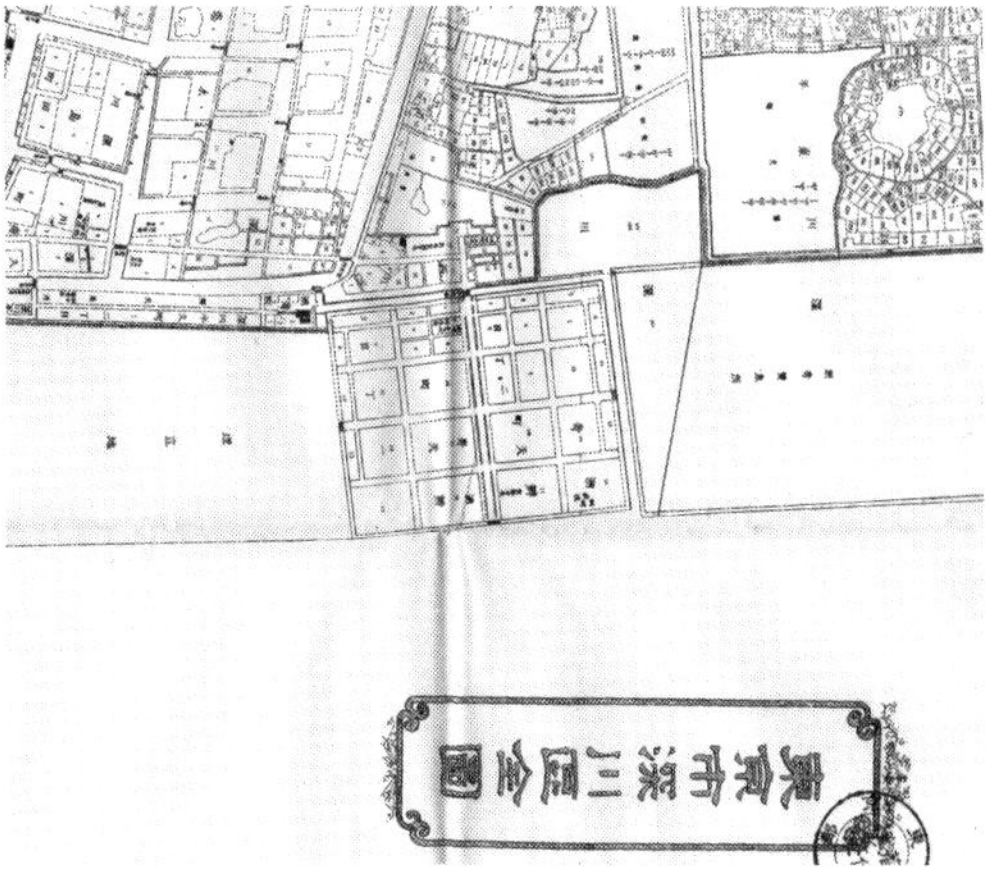

洲崎弁天町 1905 年の地図（龍澤潤氏提供）。すでに街割りも完成している。

からと言われています。

中央の大門《おおもん》通りを中心として、碁盤の目状の街路構成は、遊廓があったことで知られている吉原（現在の台東区千東4丁目）と同じで、遊廓特有のものです。洲崎は、同じように堀で囲まれていた吉原よりも一回り大きく、約100m四方に造成されました。また大門通りの道幅も、かなり広めに整備されました。遊廓があった頃は、ここに柳や桜の並木があったようです。

今でも街割りに見て取れる吉原へのアプローチ・大門通りは、外から通じる日本堤のメインストリートから遊廓内が見えないようにとカーブしていました。洲崎も永代通りからの入口は、少しカーブして洲崎の

東陽１丁目のケヤキ並木。現在は、落ち着いた住宅地になっている。

街が見えにくくなっています。洲崎遊廓ができた時には、永代通りはまだ整備されていませんでしたから、１９２３（大正12）年の関東大震災後の帝都復興事業で永代通りが整備された時に、このような関係にしたのかもしれません。

洲崎の街は、関東大震災と東京大空襲で焼けました。さらに２０１１年の東日本大震災で被害を受けて建て替えが進み、遊廓の名残はもうありません。現在は、メインストリート以外は自動車交通が少なく、またケヤキ並木もあり、静かで落ち着いた住宅地といった様相です。近代化以降、最初に形成された埋立地の街としての風格を感じます。

（No.41　２０２０年４月）

8-2 塩浜の臨港鉄道跡

江東区塩浜というと倉庫が多いイメージがありますが、最近では再開発が進んで、マンションが目立つようになってきました。倉庫とマンション、オフィスビル、そして空き地や駐車場と、様々な用途の建物と土地が混在しています。それは、戦後復興からの時の流れがもたらしたものであり、東京湾岸地域を象徴する風景だと感じています。

塩浜2丁目のちょうど三ツ目通りが豊洲交差点に向けてクランクしたところの平久運河脇に、ネットフェンスで囲まれて、樹木が生い茂る空き地があります。のぞき込むと、枕木をともなった長さ10mほどの線路が残されていることに気づきます。これは「臨港鉄道と晴海橋梁」（3-7）と「豊洲の埠頭」（3-8）でも書きました越中島貨物駅から豊洲へと延びていた臨港鉄道東京都専用線・深川線の一部です。線路のすぐ脇には、鉄道関連設備と思われるスチールボックスまで残っているので、貨物列車が走っていた頃の様子が想像できます。空き地ができたからといって、どうしてこの10mぐらいだけ線路を残したのか不思議に思いますが、おかげで臨港鉄道のことを思い浮かべることができます。線路の

空き地にひっそりと残る臨港鉄道東京都専用線・深川線の線路。

豊洲鉄橋を渡る臨港鉄道の貨物列車（川島正克氏提供）

撤去作業に関わった方に感謝ですね。

　またここから塩浜2丁目内を越中島貨物駅の方に三ツ目通りを越えて進んでいくと、巨大なマンションと住宅地の南側に、東西にかなり長い区間で深川線の線路が残っています。「枝川　運河と脇道と歩行者専用橋」（8‐3）で紹介している「しおかぜ橋」からは、この線路が、今でも越中島貨物駅から繋がっている様子がよく見えます。

　他にも首都高速9号深川線の西側に、東西に細長い草が生い茂った空き地があります。「都有地」という看板が立っていることからも、臨港鉄道東京都専用線・深川線の名残であることが分かります。さらに塩浜1丁目の江東区立塩浜1丁目公園脇にある細長い駐車場も、かつての深川線の跡です。このように塩浜には、東京港の物流を支えた臨港鉄道の跡が、断片的に残っているのです。

　東西に長く、くの字に曲がった形をした埋立地・塩浜には、臨港鉄道跡と越中島貨物駅に加えて、地下にはＪＲ京葉線も走っています。東京湾岸地域の歴史を伝える鉄道のまちとして、わずかに残された臨港鉄道深川線の線路を大切に保存して欲しいと思っています。きっと鉄道好きの子ども達にも人気の場所になるでしょう。

（No.38　2020年1月）

8-3 枝川 運河と脇道と歩行者専用橋

江東区枝川は、大正末期から昭和初期にかけて実施された東京市枝川改修《しせん》工事による埋立地です。1921〜23（大正10〜12）年に埋め立てが完成した塩浜に続いて、1928（昭和3）年に埋め立てが完成しました。

さて枝川は、首都高速道路9号深川線とその下の都道が東京の大動脈の一つなので、いつも自動車交通量が多く、また工場や倉庫が多いエリアなので、トラックといった大型車が多いイメージがあります。しかし実際には、自動車が多いのは幹線道路だけのことで、脇道へ入るとほとんど自動車の姿は見かけずひっそりとしています。それは名前の通り、木の枝葉のように運河が縦横無尽にのびているので、行き止まり道が多くなり、通過交通が入って来ないからです。

特に枝川小学校と枝川幼稚園、枝川区民館を結ぶ道路は、自動車がほとんど通らないことに加えて、桜並木になっているので、気持ちよく歩ける空間になっています。この道路沿いの、枝川幼稚園と都営枝川三丁目アパートの間にある小径《こみち》もよい雰囲気です。決して

枝川小学校脇の桜並木。

広くはないですが、このような落ち着いた場所があることが、人々に日々の生活に潤いを与えることになるので、まちのデザインには大切なことなのです。

枝川と塩浜を結ぶ「しおかぜ橋」は、全国的には珍しい歩行者専用（ペデストリアン）橋です。枝川小学校の学区が、塩浜にも広がっていることなどから架橋されました。一般的な自動車橋としなかったのは、自動車交通量が少なかったからです。江東区内は運河・河川が多いため、クローバー橋や辰巳桜橋など大規模な歩行者専用橋が多くあります。１９９８（平成10）年に架けられたこの橋は、運河上部は斜張橋というケーブルで橋桁を吊った構造で、鉄道線路上部はアーチ橋です。

歩行者専用橋「しおかぜ橋」。斜張橋とアーチ橋、螺旋スロープと３つの構造が複合する。

さらに塩浜へと下りるスロープは螺旋を描いています。これだけ複合的な構造デザインの歩行者専用橋はたいへん珍しいです。また橋からは、東西に長い汐見運河を見渡せるだけではなく、臨港鉄道跡の線路と、ＪＲ京葉線が高架橋から地下トンネルへと一気に下っていくところを眺められます。鉄道と運河を一緒に眺められる橋というのも、ほんとうに珍しいですね。

枝川も、倉庫の建て替えなどの再開発が多くなってきました。こぢんまりとしていますが、脇道に入ると、静かで落ち着いた空間があるという、意外な魅力が失われないことを祈っています。

（No.39　２０２０年2月）

8-4　潮見　運河沿いが見どころ

埋立地は、元々海でしたから潮の香りがするのは当たり前ですが、江東区の「潮見」はまさに「潮の香のただよう地」から付けられた地名です。埋め立ては大正末期から行われ、7号地と呼ばれた辰巳に続く8号地と呼ばれていましたが、完成は1967（昭和42）年と比較的新しい土地です。

潮の香ただよう運河沿いの見どころは、まずは「江東区造船団地」と呼ばれている通り、3つの造船所があることでしょう。かつて湾岸地域には、たくさんの造船所がありましたが、かたまって未だ操業しているところは潮見ぐらいです。造船台で船を建造する様子や、台船やクレーンでの作業の様子は興味深いものです。晩橋《あかつき》から見える墨田川造船は、高速艇の建造を得意としており、国内では海上保安庁などから、また海外からも広く受注しています。時々、進水式や造船業務の見学会などを開催しているようです。暁橋からは、小型船舶を建造している木村造船所も見ることができます。砂町運河のJR京葉線のすぐ脇にある佐野造船は、江戸時代の和船造りに起源をもち、国際的にも高い評価を得ている木

東雲北運河にある墨田川造船株式会社。向こうには、JR 京葉線の高架が見える。

造船を造り続けています。水辺には、美しい木造のモーターボートやヨットが、いつも数隻停泊しています。

やはり暁橋から見える久米設計本社ビルは、運河沿いにウッドデッキのテラスがあり、社員の方々が水辺でくつろぐ様子が見えます。1994（平成6）年の江東区まちなみ景観賞などを受賞した秀作です。

潮見運動公園は、野球やテニスといったスポーツを楽しめるだけではなく、樹木が生い茂る緑地にもなっています。潮見さざなみ公園には、緑地に加えて船の係留スペースがあるのが特徴です。

そして、元々現在の江東区福住あったもので、青森県三沢市に移築されていた旧渋沢栄

佐野造船には、いつも美しい木造船が停泊している。

一邸が、2022年に潮見2丁目に移築される予定です。公開は限定的になるようですが、新一万円札の顔になる渋沢栄一が住んだ建物ですから、社会的な注目度は高いでしょう。

このように運河沿いに見どころがある潮見ですが、市街地にも特徴があります。潮見1丁目には、戸建てを中心とする住宅地があります。高度経済成長期に潮見に転入してきた人たちのため、整備された住宅地なのです。戸建て住宅地用に、道路が細かい間隔で通っていること、また土盛りがされて地盤が高くなっているという特徴があります。

潮の香を楽しみながら、潮見の運河沿いを散策してはいかがでしょうか。

（No.40　2020年3月）

9章　芝浦

成り立ち

芝浦1丁目の一部は、江戸時代に陸地になっていた。芝浦1丁目は、1908（明治41）年に埋め立てが着手され、1935（昭和10）年に完成。芝浦2丁目～4丁目は、明治末から着工し、大正期に順次完成していった。

地名由来

道興による1486年の「廻国雑記」の中に「芝の浦」という地名がでてくる。やがて「芝浦」が定着した。芝浦は、江戸時代までは広域名称として用いられていた。芝の語源としては、芝生や芝草の芝、斯波氏の斯波、のりそだにする柴などの諸説ある。

芝の浦といえば海岸を指すが、芝浦となっては、その沖の海面を指していう感じが強い。現在の芝浦1丁目から4丁目の範囲は、1964（昭和39）年に成立した。

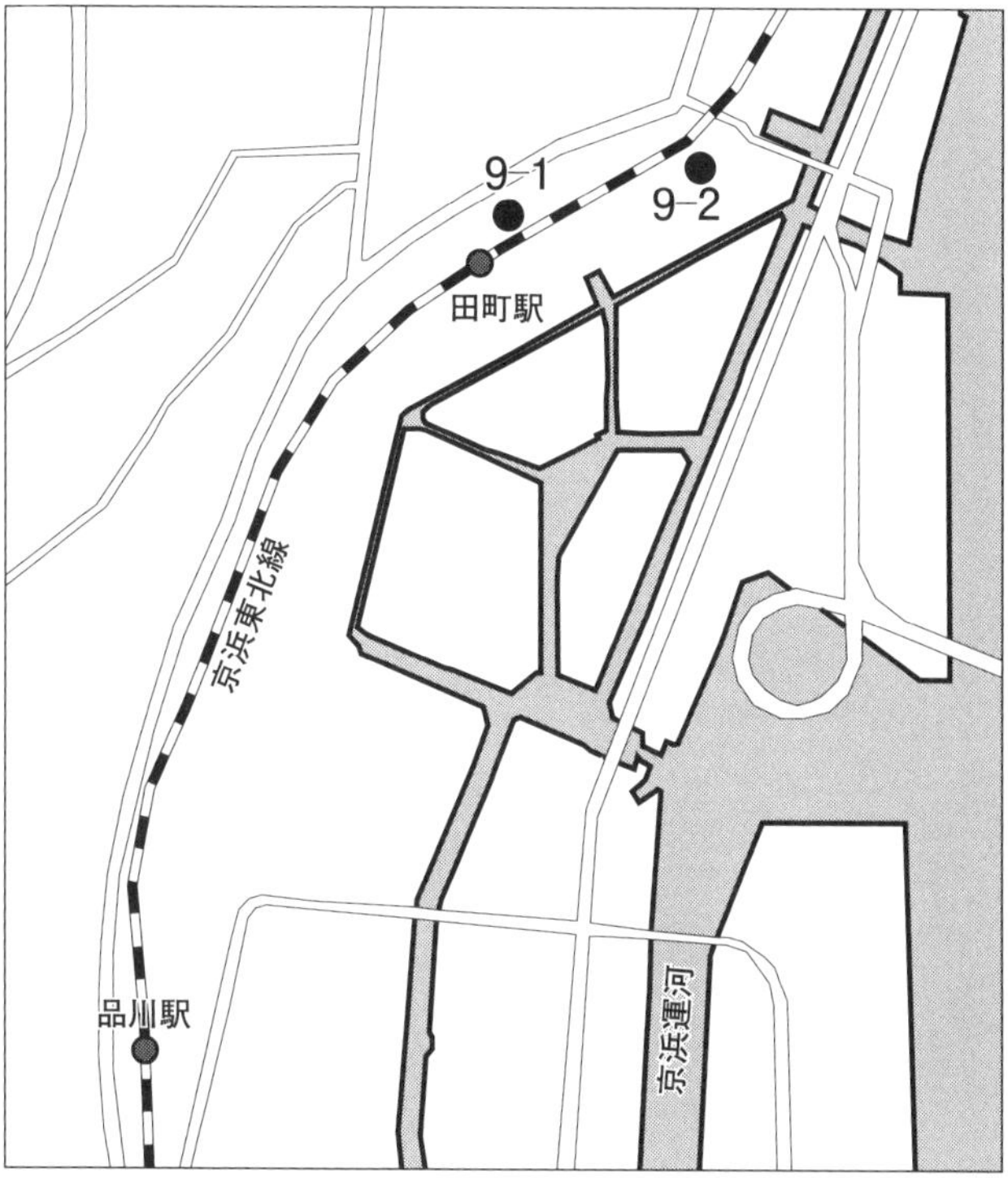

芝浦

9－1　芝浜　人情話の舞台となったかつての海岸線

埋め立てが続く東京湾岸地域では、かつての海岸線を見つけるのが大変です。落語の人情噺《ばなし》「芝浜」（正確には「芝濱囃子」）は、その名の通り港区芝の海岸線を舞台としてつくられた噺です。芝4丁目の第一京浜道路とJR山手線などの高架鉄道に挟まれたところにある御穂鹿嶋神社の境内に「芝濱囃子の碑」があるので、舞台となった海岸線の位置がよく分かります。

「芝浜」のあらすじは、酒好きの魚屋である主人公がある朝、海岸で大金が入った財布を拾う。有頂天になり仲間を集めて大酒を飲む。翌日、二日酔いで目を覚ました主人公は、妻から大酒を飲んで支払いをどうするのかと怒られる。拾った財布の金で払うと言ったが、妻は財布など知らない、金の欲しさのあまりに酔って夢でも見たのだろうと言う。なるほど財布は見つからず、自分の堕落している様を反省して一生懸命働きだす。3年後、懸命に働いた結果、立派な店を構えることができ生活も安定するようになった。その大晦日の晩に、主人公は妻に対して感謝して頭を下げた。そこで妻は、実は3年前の財布を拾った

芝濱囃子の碑と御穂鹿嶋神社。神社入り口の石段前は、海岸の浜辺だった。

話は本当だったと打ち明ける。事実を知った主人公は、だましていた妻を怒り責めるようなことは決してせず、自分を真人間へと立ち直らせてくれたと感謝する。そこで妻は懸命に頑張った夫をねぎらい、久しぶりに酒をすすめる。主人公はおずおずと酒を口元に運んだが、「よそう。また夢になるといけねえ」と言って飲むのをやめた――。

この落語に描かれている通り、かつての海岸線があった芝1丁目から芝4丁目には、漁師町がありました。御穂鹿嶋神社の入口がかつての砂浜だったところで、「本芝公園」になっているところが波打ち際でした。10年ほど前に、再開発にともなって鹿嶋神社が建て替えられる前までは、「江戸名所図会」に描

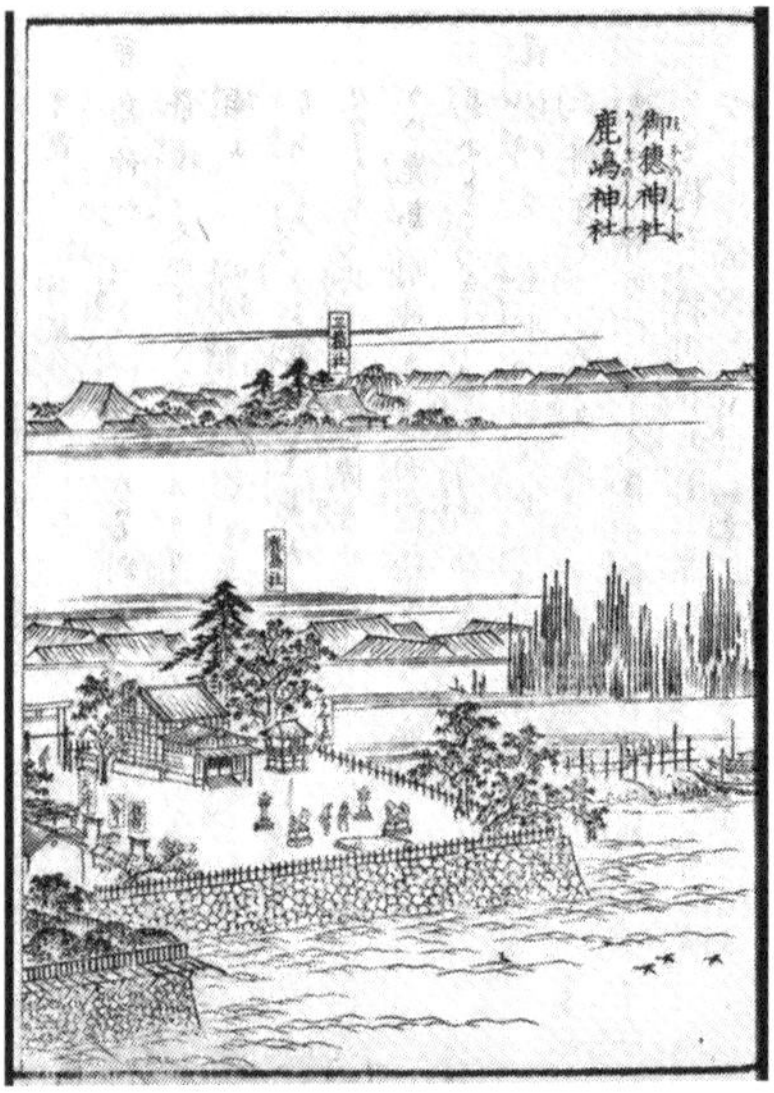

「江戸名所図会」の御穂鹿嶋神社。

かれている神社の石垣と波打ち際の様子が今以上に残っていました。
明治5（1872）年に開通した新橋・横浜間の日本初の鉄道路線は、この神社のすぐ脇にあった薩摩藩蔵屋敷が鉄道への敷地提供に応じなかったために、芝浜の海の上に通されたのですが、それが現在もそのままJRの高架となっています。昭和になって芝浦の埋め立てが進みましたが、JR高架下に水路があって、戦後までこの芝浜には船溜まりが残っていました。落語の人情話と近代化の歴史の両方を思い起こさせるかつての海岸線です。

（No.17　2018年4月）

9-2　芝浦　協働会館

芝浦1丁目の一角に、立派な近代和風建築「協働会館」が保存されています。「芝浜人情話の舞台となったかつての海岸線」（9-1）に書きました通り、港区芝浦には戦後まで漁村の名残があった訳ですが、漁村でとれた鮮魚を売りにした料亭街も戦前まであり、特に芝浦1丁目には都内でも有数の花街《かがい》がありました。花街とは、芸妓《げいぎ》（舞踊や音曲などで酒席に興を添え、客をもてなす女性）などが集まっている区域を指し、花柳界《かりゅうかい》とも呼ばれます。協働会館は、芸妓の取り次ぎなどをした組合の事務所である検番《けんばん》として1936（昭和11）年に建てられました。大工の棟梁は、目黒雅叙園を手がけ、優れた職人として知られた酒井久五郎です。まず玄関の立派な唐破風《からはふ》（弓形にそり曲がった屋根の一種）が目にとまります。玄関内は一転して、モダンなタイル張りです。全体的に良質の木材を使い、様々な装飾がほどこされ、また構造にも工夫があり、屋根をトラス構造として柱を少なくしたことで、2階には百畳の大広間があります。

芝浦花柳界を象徴する建物でしたが、太平洋戦争中に花柳界が移転したため、戦後は港

改修前の協働会館（港区所蔵写真）

湾労働者の宿泊所として使われ、後に東京都港湾局の所有となりました。老朽化がすすみ２０００（平成12）年に閉鎖され、一時は取り壊しが決まりましたが、地元住民や芝浦工業大学の教職員・学生も含めた有志によって保存運動が行われたことで取り壊しを免れました。２００９（平成21）年には東京都から港区へ無償譲渡されることになり、同年10月には港区の有形文化財に指定され修復されることになりました。

その後、港区と地元住民などで活用方法が検討され、文化芸術活動や交流の場、観光案内所などが入る施設へと改修されることになりました。２０１８年4月現在、改修工事が行われており、工事は２０１９（平成31）年度には完了する予定です。名称は「区立伝統文化交流館」

改修工事中の協働会館。立派な近代和風建築を再び見られるのが楽しみ。

となるようで、貸室の利用やイベントへの参加がなければ入館は無料ということです。保存運動から、活用計画の検討、改修工事と長い年月をかけたプロジェクトなので、開館が本当に楽しみです。

芝浦1丁目というと、1990年代に「ジュリアナ東京」というバブル景気を象徴する伝説的なディスコがありました。週末の夜となると、田町駅の芝浦口は、ボディコンとよばれる派手な服装の女性であふれかえっていたそうです。花街とは全く関係ありませんが、両者とも日本の近代化と復興、繁栄の象徴と言え、時代の最先端が生み出されるという東京湾岸地域の宿命を感じます。

（No.18　2018年5月）

10章　品川・天王洲

成り立ち・地名由来

品川：目黒川をかつて品川と称したとする説が有力だが、諸説ある。確かな史料で品川の名がみえるのは、1223年の「関東安堵下知状」にある「南品川郷桐井村」という記述。品川郷は、東海道沿いに限らぬ広い範囲であった。中世には、関東の入口の港湾都市として栄え、近世には、品川宿として、江戸の出入口の役割を果たした。

天王洲：品川区南品川一帯の鎮守である荏原神社の天王祭で、海中を渡御する神輿の屋根に付ける神面（牛頭《ごず》天王の面）が、戦国時代の末期に、当時洲であったこの場所に流れ着いたことに由来する。洲と称されるが、干潮時に干潟が顔を出す程度の浅瀬だった。1967（昭和42）年の住居表示実施で、東品川2丁目となるが、駅名「天王洲アイル」など、現在でも地名として広く使われている。

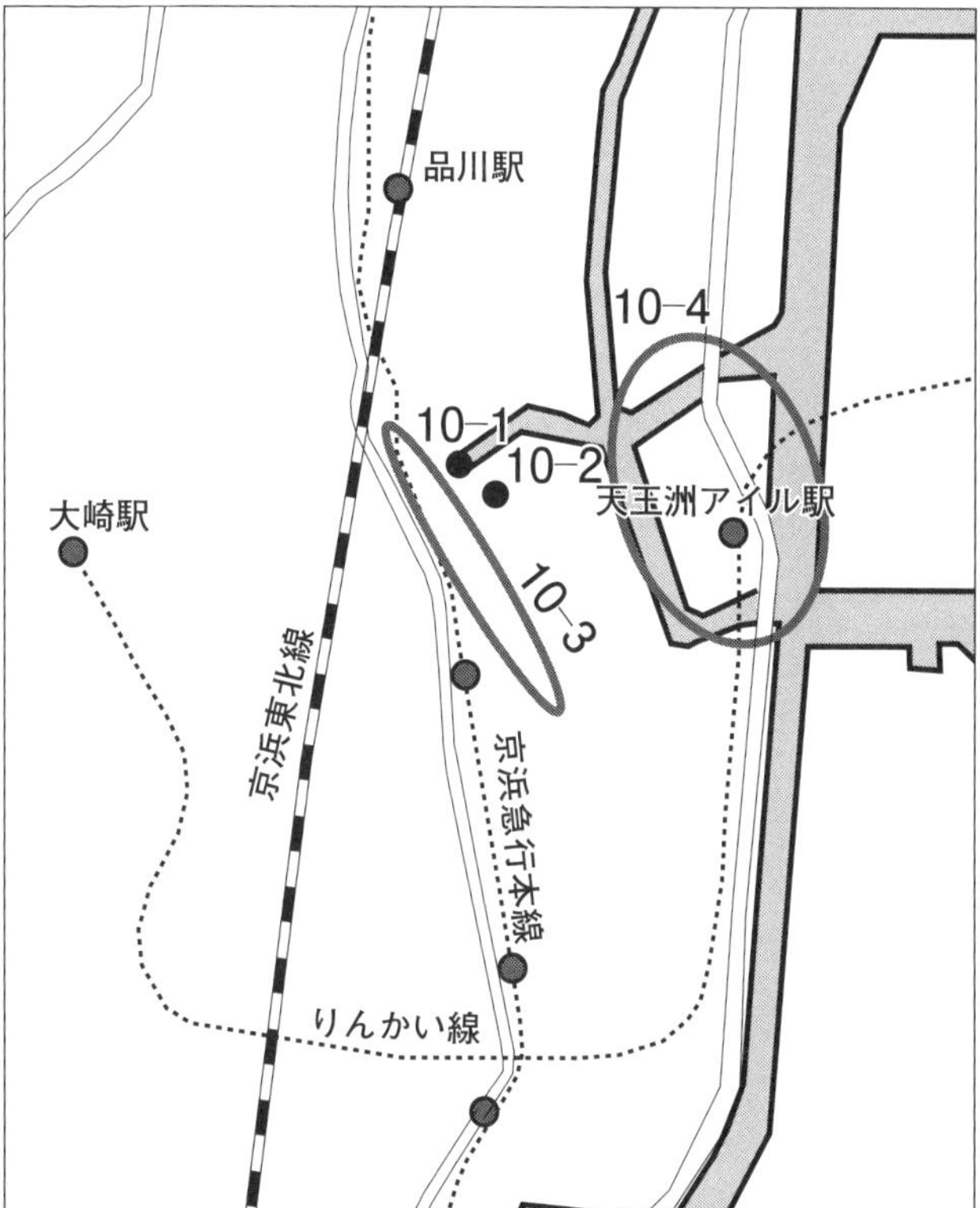

品川・天王洲

10-1 品川浦と東国航路

品川区にある京浜急行・北品川駅から5分ほど歩いたところに、遊漁船や屋形船が係留されている船溜まりがあります。これが品川浦で、目黒川河口の蛇行していたところにできた中世港町・品川の名残です。

東京湾岸地域では、この品川がもっとも歴史があり、中世から栄えていた土地と言えるでしょう。三重県の伊勢から始まる太平洋側の東国航路は、14世紀以前から開かれていたもので、その終点が品川でした。蛇行した目黒川が、ちょうど防波堤のような地形をつくっていて、船の停泊地にはもってこいでした。また海辺近くまで、高輪台地の端である御殿山の山すそが延びていることから分かるように、周辺の海は比較的水深が深かったのです。御殿山からは、海を見渡すこともできました。この地は港町が発達するには極めて好条件がそろっていたのです。

東京都府中市にある武蔵国の総社・大國魂《おおくにたま》神社の例大祭では、その初日に、品川沖の海上で禊祓《みそぎはらい》式が行われます。このことから品川は、武蔵国の海からの玄関だったと言え、重

品川浦の船溜まり。風情のある街並みの向こうには、近代的なタワーが建ち並んでいる。

「伊豆石」と思われる石垣。おそらく船で伊豆から運ばれてきたのだろう。

要な港町だったことがうかがわれます。

さて、東国航路では、西国の物資が大量に品川を経由して東国に運ばれていました。それを物語るものとして、例えば品川区立品川歴史館には、御殿山から出土した15世紀前半に製作された常滑焼（愛知県）の甕《かめ》が展示されています。他にも新馬場駅からほど近い善福寺の本殿軒下と寄木《よりき》神社の土蔵造の本殿扉内側には、伊豆（入江）長八の作の漆喰鏝絵《こてえ》が残っています。長八は、静岡県松崎町出身で、江戸・東京を中心に傑作を残した名工ですが、品川にも彼の二つの作品が残っているのは、伊豆と品川が航路で結ばれていたからと推測しています。また品川の街を歩いてみると、伊豆半島とその周辺でとれる伊豆石が石垣などで使用されているのを見かけます。これもおそらく船で伊豆半島から運ばれてきたのでしょう。

17世紀になって江戸の街ができてからは、東国航路といった海上ルートの中心は、日本橋を中心とする江戸湊へ移りました。それからの品川は、江戸城へ魚を納める重要な漁師町（正式には「猟師町」と書く）の一つとなると共に、重要な陸上ルートであった東海道の品川宿となり栄えたのです。


（No.19　２０１８年6月）

10-2 鯨塚と品川・天王洲

品川浦と呼ばれた品川区東品川1丁目の利田《かがた》神社境内に、東京に現存する唯一の鯨塚《くじら》があります。江戸時代の寛政10（1798）年に、天王洲の浅瀬に乗り上げた鯨の供養碑です。

最近では2018年6月に、東京湾で鯨が目撃されたと話題になっていたように、鯨は時折東京湾にも回遊してきたようで、例えば千葉県房総半島にあり、東京湾入口に面する鋸南《きょなん》町には多くの鯨塚があります。しかし、東京湾最深部の江戸で鯨を見かけることは珍しかったので、この出来事は「寛政の鯨事件」と呼ばれました。

記録では、5月8日朝6時頃、品川天王洲沖に潮煙が立ち、不審に思った猟師が様子を見に行くと大きな鯨がいました。前日がすごい暴風雨だったそうで、迷い込んだものと推測されています。品川浦の猟師達は大勢で駆けつけて、鑓や銛で突いて午前10時頃に仕留めました。その後、鯨に浮きをつけて数十隻の船で浜御殿（現在の浜離宮恩賜庭園）まで運び、11代将軍・徳川家斉が上覧しました。その鯨は12間ほど（約22ｍ）の長さで、高さは3間半（約6ｍ）、背は黒く、目は白く7寸（約21㎝）ほどの長さであったそうです。

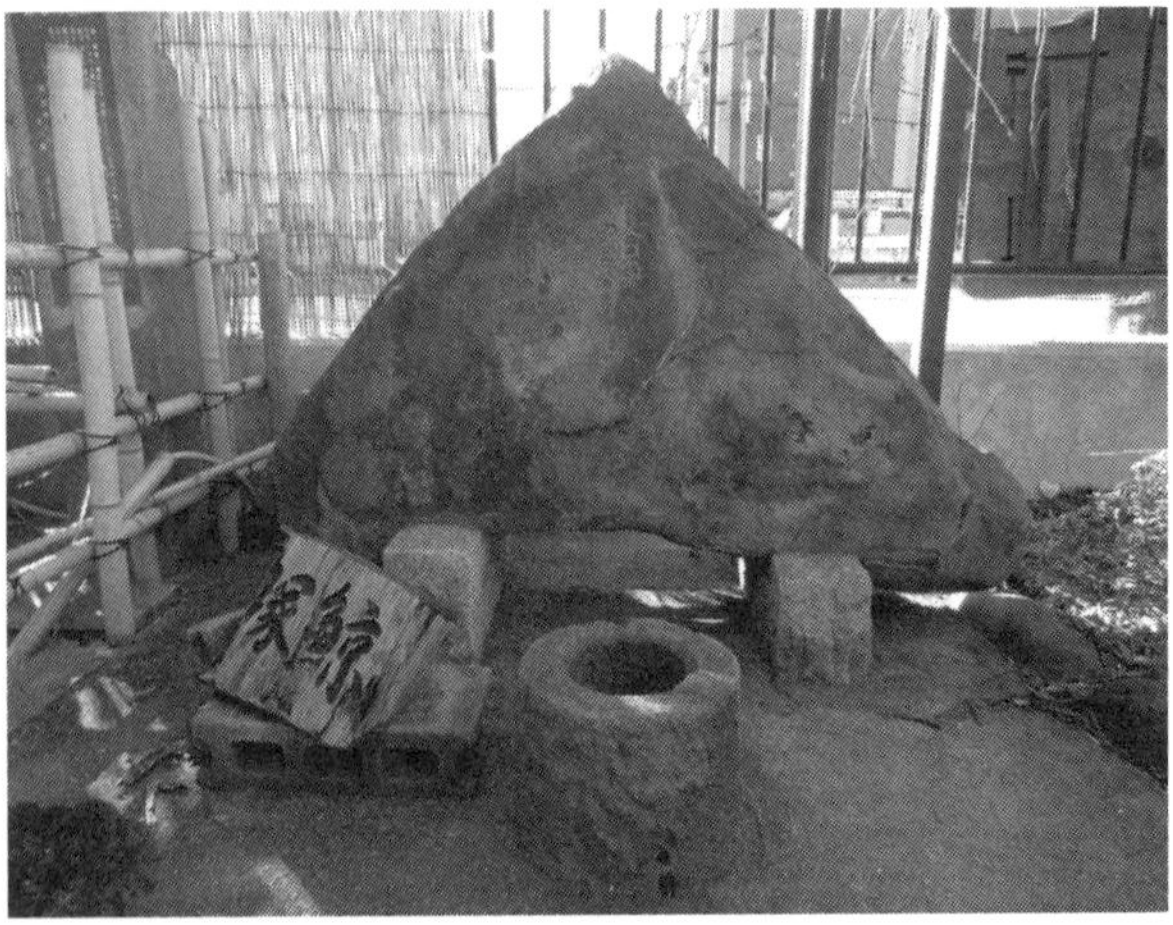

利田神社の鯨塚。この三角形の石は、江戸時代・寛政期のもの。

寛政の鯨図(品川区立品川歴史館蔵)。鯨の大きさなどが書き込まれている。

この鯨を見物するために、品川近傍や江戸から大勢の人々がやってきて、大変な喧騒ぶりだったと伝えられています。

鯨が迷い込んだ天王洲沖とは、現在の天王洲アイル付近にあった浅瀬のことで、目黒川が運んできた土砂が堆積したものでした。鯨塚のある利田神社は、この浅瀬に続く洲の先端に位置し、江戸時代は洲崎弁天とも呼ばれました。潮の干満の差が大きい春の時期には、江戸や周辺地域から多くの潮干狩り客で賑わい、その光景は江戸の春の風物詩となっていたと言われています。

「品川浦と東国航路」（10―1）に書きました通り、中世の品川は東国航路の重要な拠点であり武蔵国の海からの入口でした。また江戸時代には、東海道品川宿は江戸に入る最後の宿場町でした。幕末には、江戸のまちを守るために、御殿山を切り崩した土を使用して、天王洲を起点とする品川台場が建設されました。品川はその地理と地形ゆえに、海上からも陸上からも江戸の入口として重要な場所であり、人々や物資だけではなく、鯨という珍しい来訪者もありました。また江戸の庶民にとってもなじみの深い土地であり、東京湾岸地域の歴史をより深く幅広いものにしています。

（№21　２０１８年８月）

10-3 旧東海道品川宿とまちづくり

品川区北端、京浜急行線路と国道15号線のすぐ脇に、商店が建ち並んだ細い道があります。それが江戸時代の五街道の一つであった旧東海道の品川宿です。道幅は、3間（5・4m）から5間（9m）ほどと狭いですが、これは東海道だった当時のままと言われています。一方通行になっているので、自動車の交通量は多くありません。昔ながらの八百屋なども残っているので、ぶらぶらと楽しみながら歩くことができます。

沿道のほとんどの建物は、鉄筋コンクリートや鉄骨造に建て替わっており、昔ながらの街並みではありませんが、建ち並ぶ商店をよく見ると、暖簾《のれん》や庇《ひさし》、看板、シャッターなどがデザインされていることに気づくでしょう。それは、「旧東海道品川宿周辺まちづくり協議会」が、景観づくりに取り組んでいるからです。品川区景観計画でも、「旧東海道品川宿地区景観重点地区」に指定されています。品川区の支援の元、品川区と東京都、国の補助金をもちいて、2006（平成18）年から取り組まれています。まちづくり協議会の熱心な働きかけによって、石畳の舗装整備がされ、部分的に電線地中化と街路灯整備もさ

旧東海道品川宿。昔ながらの道幅とまちづくり活動によって、かつての面影を感じることができる。

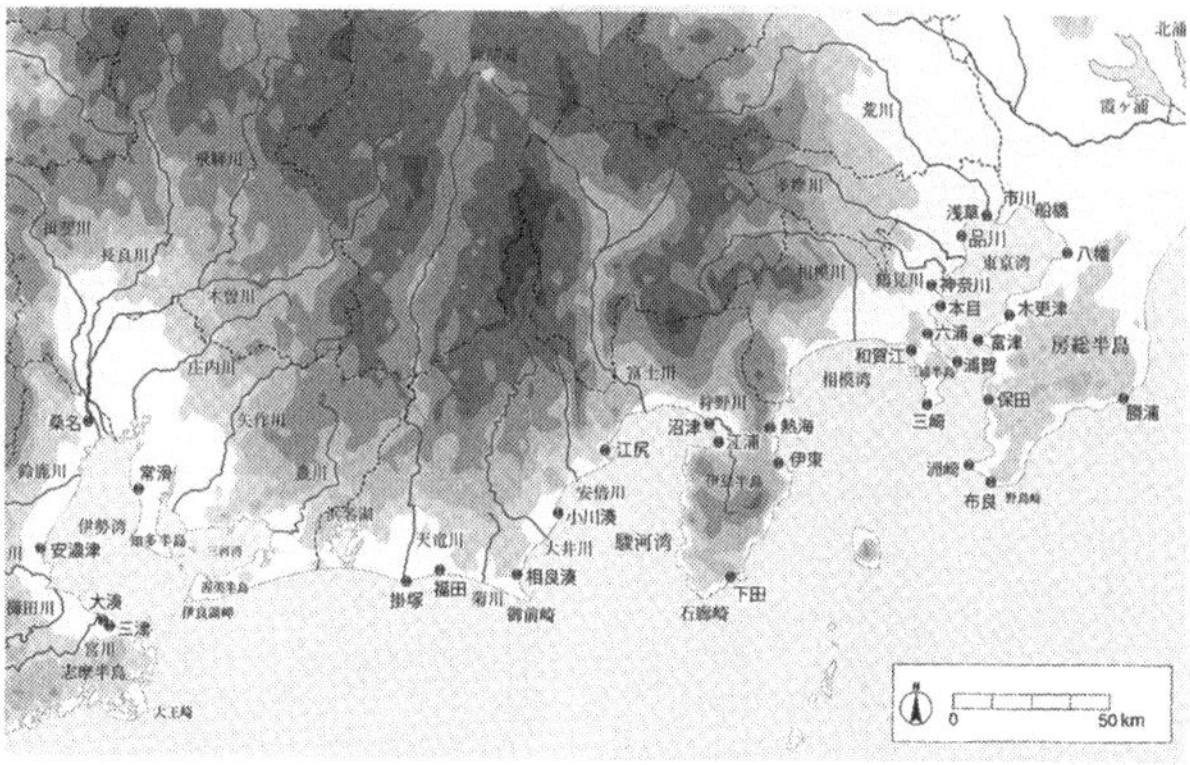

中世東国航路上の主な港町。『東京湾と品川』(品川区立品川歴史館、2008 年)

れています。

近年では、地区外からの若者達が、個性的なゲストハウスやカフェ、レストランなどをオープンしています。これらの店舗は、まちづくり協議会などと連携して、様々なイベントを開催し、新たなまちの賑わいをつくりだしています。また非営利団体NPOが中心となって、子ども達が自由に遊ぶことができる「北浜こども冒険広場」を開設するなど、生活環境向上のための場づくりも行われています。都市化が進行し、開発が多い東京23区内では、先進的でモデル的なまちづくり活動と言えるでしょう。

京浜急行・新馬場駅から徒歩数分のところに、まちづくり協議会が運営する品川宿交流館があります。1階には駄菓子屋、無料休憩所、観光案内などがあるので、立ち寄るのによい場所です。

品川宿は、宿場町だけではなく、かつては港町でもあり、東海道と東国航路を行き交う様々な人々が訪れた土地でした。そのためか、まちづくり協議会の方々は気さくで、訪問者を歓迎し、まちづくりに積極的な人であれば誰でも受け入れるオープンな気質があるようです。宿場町時代と港町時代の気質が、遺伝子となって現代の人々の中に息づいているのでしょうか。

（No.22　２０１８年９月）

10-4 天王洲

品川区の天王洲は、江戸時代に牛頭《ごず》天王の面が、この辺りの海中から引き上げられたという伝承からついた地名であり、昭和になってからの埋立地にもかかわらず、江戸時代からの歴史を感じさせる場所です。そのせいか、町名は東品川2丁目ですが、一般的に「天王洲」という地名が知られています。

天王洲は港湾部に位置することから、戦後の復興期から高度経済成長期にかけて建設された倉庫が建ち並ぶ地区でしたが、バブル景気へと進んでいった1980年代に、地元の民間企業が中心となって再開発の検討が始まり、その後1990年代からオフィスの超高層ビルが次々と建設されていきました。1992（平成4）年に開業した東京モノレール・天王洲アイル駅とビル群の2階部分が、歩行者デッキでつながっているのがユニークです。2000年代に入ってからは、超高層ビル群西側の倉庫群が、おしゃれなレストランや小売店、オフィスなどへと用途転換されていっています。

さらに2005年、この辺りが「運河ルネサンス推進地区」に指定されたことで、水上レストランや浮き桟橋が、地元の民間企業によって整備されていきました。そして再開発と倉庫の用途転換にあわせて、運河沿いに水辺広場が整備されていきました。一年を通じて食事やお茶をしながら水辺を楽しむことができ、夏期を中心として多くのイベントが開催されています。東京湾岸地域の運河や水辺の活用を牽引する地区と言え、苦労を重ねながらずっと地区のまちづくりを取りまとめている地元の民間企業の方々には頭が下がります。2019年には、品川区の「天王洲地区景観重点地区」に指定され、景観づくりにも力が入っています。景観づくりの一環として、夜間のライトアップにも熱心に取り組んでおり、レストランや浮き桟橋、橋を照らす照明が水面に映る様子は幻想的です。その魅力的な夜景を見ようと、夜も多くの若者などが訪れています。

さて天王洲は、江戸末期に造成された第四台場の周辺を埋め立ててできました。その台場の石垣が部分的に残されており、特に天王洲大橋のたもとには、台場へと船から上陸する部分だったところの石垣が残っています。江戸時代の伝承と台場、昭和初期の埋め立て、戦後の復興期と高度経済成長期に建設された倉庫群、バブル景気時の再開発による超高層ビル群、バブル景気崩壊後に用途転換された倉庫群と、時代の移り変わりとまちの重層性が見て取れるところが魅力と言えます。

（№29　2019年4月）

夜の天王洲の水辺。ライトアップによる魅力的な夜景を楽しむ人々が集まる。後ろに見えるのは、天王洲ふれあい橋。

天王洲大橋脇に残る品川四号台場の石垣。台場への上陸部分だったことから石垣の形状が複雑。

11章　大森

成り立ち・地名由来

大きな森があったことが地名の由来とされる。武蔵野台地下の大森海岸に望む平地に位置する。鎌倉期から確認できる地名で、小田原北条氏時代には、小田原衆の六郷殿などが知行していた。

1876（明治9）年に、旧平間街道（池上道）新井宿北端に大森駅が開設された。1932（昭和7）年に東京市が35区に拡大した際に、当時の大森町、入新井町、馬込町、池上町、東調布町が大森区となる。1947（昭和22）年に、蒲田区と合併して大田区となった。

現在、大森と付く町名は、大森本町1・2丁目、大森中1～3丁目、大森東1～5丁目、大森西1～7丁目、大森南1～5丁目、大森北1～6丁目と広範囲にわたる。

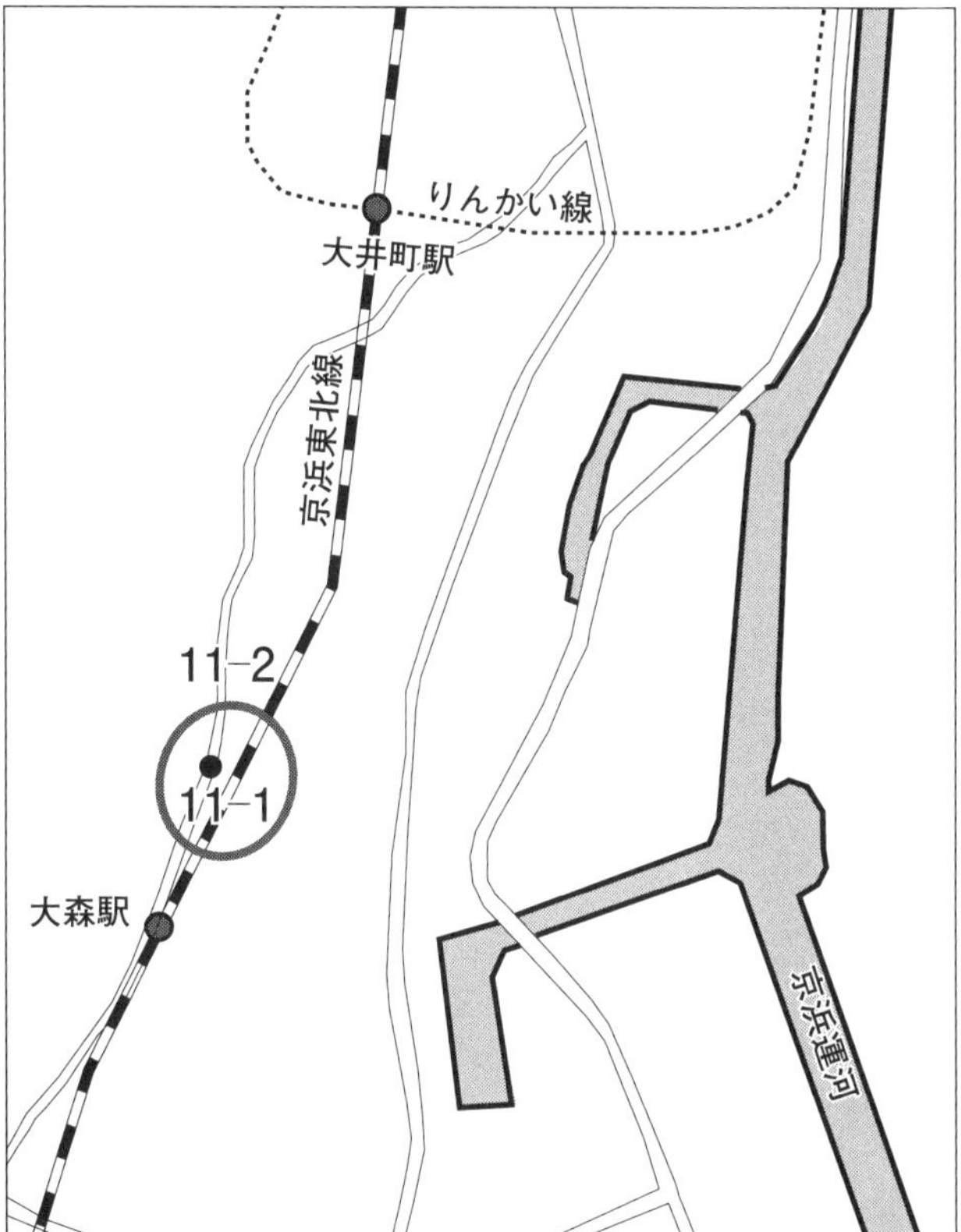

大森

11-1　大森貝塚その1：貝塚の発見

ＪＲ京浜東北線沿いの品川区と大田区の境界にある大森貝塚は、我が国における考古学や人類学を大いに発展させた地として知られています。ＪＲ大森駅に近い大田区側と、北に行った品川区側の2カ所に碑石があり、品川区側の碑石周辺には大森貝塚遺跡庭園が整備されています。これら両区のどちらが発掘場所だったのか、その真相は歴史学者にお任せするとして、ここで記したいのは、この貝塚の発見についてです。

大森貝塚を発見したのは、米国の動物学者エドワード・シルベスター・モースであることは広く知られています。彼は１８７７（明治10）年、横浜に上陸して、１８７２（明治５）年にすでに開通していた新橋・横浜間の鉄道列車に乗って初めて東京に行った時に、列車の車窓からこの貝塚を偶然発見したのでした。当時この列車は時速30㎞以上で走ったようですが、すでに開業していた大森駅を出発した直後だったので、大森貝塚辺りでは自転車と同じぐらいの速度で走っていたのでしょう。それで窓からの風景を観察していたモースは、露出した地層の断面に貝が混ざっていることを発見できたのです。彼は、米国

品川区立大森貝塚遺跡庭園。この北すぐのところに「品川区立品川歴史館」がある。

1881年の大森付近の地図『明治前期・昭和前期　東京都市地図3東京南部』（柏書房、1996）。中央が大森駅（停車場）。この地図の4年前に、モースは大森を列車で通過した。東側の海岸線沿いの街道が東海道。

で多くの貝塚を研究していたのですぐにピンと来たということです。すごい観察力ですね。その後、赴任していた東京大学の研究者・学生らと本格的な発掘調査を行い、古代の土器、石器、人骨などを発見したのでした。

このようにモースは、たいへんな観察力がある人で、スケッチが上手いことでも知られています。子どもの頃から活発だった彼は、けっして優等生ではありませんでしたが、ハーバード大学でルイ・アガシ教授から生物学を学んだことで才能が開花しました。1877（明治10）年からの三度にわたる日本滞在期間中に、愛情ある眼差しのスケッチを交えて風物を観察し、日記として記録しました。それが後年『JAPAN DAY BY DAY』（邦訳：『日本 その日その日』）として編纂されて出版されました。この本に記されている日本各地の魅力に関する描写は敬服に値しますので、ご一読されることを強くお薦めします。当然、大森貝塚を発見した時のことと、大森貝塚の調査がどのように我が国の考古学や人類学の発展につながったかも、詳細に記されています。

モースの鋭い観察力とスケッチを交えた描写力は、地域の「再発見」の模範です。彼は私の敬愛する人物の一人なのです。

（№27　2019年2月）

11-2 大森貝塚その2：大森の地形とモース

大森貝塚は、武蔵野台地の一部である荏原《えばら》台の東縁にあります。貝塚を成した人々が生活していた縄文時代には、この台地から美しい東京湾を見渡すことができたのでしょう。実際に、品川区立大森貝塚遺跡庭園には、海を見渡す台地の上での縄文人の生活の様子が描かれた壁画があります。海の恵みと陸上の恵みの両方を得られるこの場所は、狩猟生活にはうってつけだったのです。

大森貝塚遺跡庭園の脇にある品川歴史館が建設される時に発見された大井鹿島遺跡は、古墳時代から奈良時代（6～8世紀）に営まれた集落跡です。周辺を含めた発掘では、住居跡が35軒も発見されました。縄文時代だけでなく、その後の時代も、人々を呼び込む恵まれた土地だったのです。

ところで貝塚のある辺りの地形は、実に起伏に富んでいます。それは、台地を削り取った水の流れ、つまり河川がいくつもあったことを示しています。つまりこの場所では、真水も手に入れることができたのです。さらに台地から低地となったところでは、地下水脈

縄文時代のこの一帯の想像図
〈大森貝塚に人が住んでいた縄文後晩期、今から約3000年前ころ〉

大森貝塚遺跡庭園にある「縄文時代のこの一帯の想像図」。彼らは、土地の善し悪しを見抜くことができた目利きだった。

が地表に顔を出すので、いくつかの湧き水がありました。その代表的なものがＪＲ東海道線の東側にある大井水神社であり、大井水神社公園の桐畑地下道入口脇には、今も湧き水がでているところがあります。清水も得られた貝塚一帯は、本当に狩猟生活には恵まれた場所でした。貝塚を成した人々は、土地の善し悪しを読み解くことができる優れた目利きだったと言えます。

大森貝塚を発見したエドワード・モースは、「大森貝塚その１：貝塚の発見」（11－1）に書いた通り、やはり土地を読み解く目利きでした。その観察力は、動物学の分野にとどまらず、私の専門である建築学にもおよんでいたのです。彼は、『JAPANESE

桐畑地下道入口脇の湧き水。大森貝塚周辺がいかに優れた土地であったか教えてくれている。

HOMES AND THEIR SURROUNDINGS』（邦訳：『日本人のすまい』）を執筆し、主に中流階級の家屋を取り上げて、自ら描いたスケッチを交えながら、日本の住生活の知恵や工夫を記録して欧米に紹介しました。彼は、市井《しせい》の人々の住まいと生活文化こそが、その民族の真の姿であるとともに、真に価値があることを看破していたのです。

日本人の我々にとっても貴重な記録であるこの本は、まちづくりの分野においても示唆に富んでいると言えます。まちづくりで重要となる土地の価値の読み解きについても、彼は奇しくも大森貝塚の発見で教えてくれたのです。

（No.28　2019年3月）

12章　葛西・浦安

成り立ち・地名由来

葛西：鎌倉期までさかのぼる地名で、現在の隅田川と江戸川に挟まれた低地帯。下総国葛飾郡は、江戸川を境として葛西と葛東とに分けて呼ばれていたが、葛西のみが地名として残っている。広域地名で、かつては江戸川区と葛飾区の全域、および江東区と墨田区の一部を含んでいた。現在は、江戸川区に中葛西、東葛西、西葛西、北葛西、南葛西という町名がある。

浦安：1889（明治22）年に、堀江、猫実《ねこざね》、当代島の3村が合併した際、新たに命名された浦安村に由来。初代村長の新井甚佐衛門が、「浦（海辺）安かれ（穏やかであって欲しい）」との願いから命名したと言われている。また、「うら」は「心」を意味する語であることから、「心安らぐ」の意味が込められているとする説や、日本の雅称のひとつ「浦安の国」からとったという説もある。

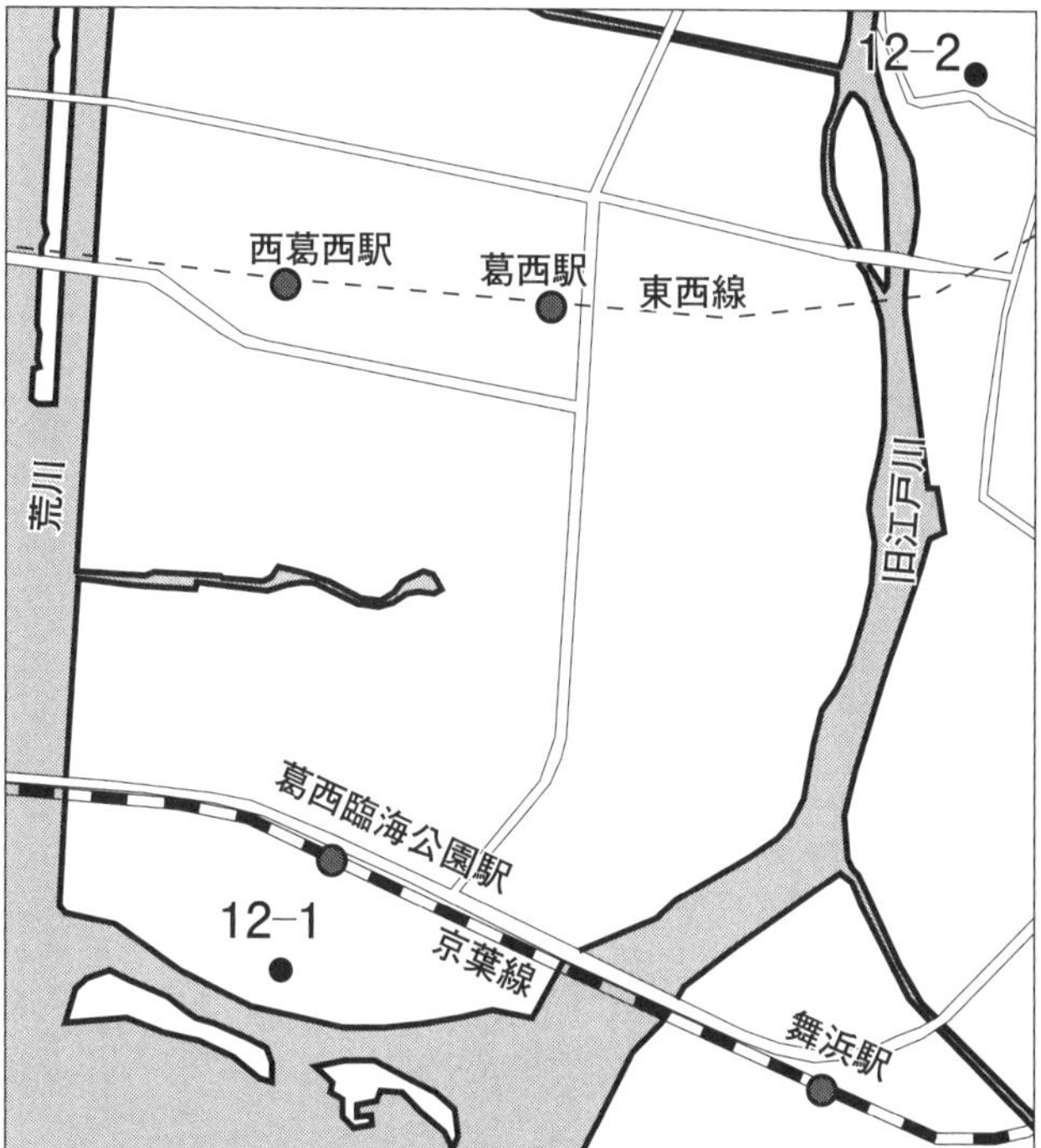

葛西・浦安

12-1 葛西海浜公園

江戸川区の葛西臨海公園の先にある葛西海浜公園が、2018年10月に、国際的に重要な湿地を保全するラムサール条約の登録湿地に指定されました。ラムサール条約とは、イランの都市・ラムサールで開催された国際会議で採択された「特に水鳥の生息地として国際的に重要な湿地に関する条約」です。都内では初めてということで、また貴重な生態系が保全される方向になるということで、喜ばしいことだと思っています。

さて、この海浜公園は、「西なぎさ」と「東なぎさ」という2つの人工干潟とその水域からなり、ラムサール条約で登録されたのは、東なぎさを含む367ヘクタールです。人は、西なぎさには入れますが、東なぎさには入れません。元々は「大三角」「上蜆島《しじみ》」「下蜆島」、また「浦安の大鯨碑」（12-2）で触れる「三枚洲」などの、江戸川（現在の旧江戸川）などが運んできた土砂が形成した広大な荒れ地・浅瀬が広がっていたところの一部で、東なぎさは下蜆島の南端に位置します。大三角は、山本周五郎の「青べか物語」で「沖の百万坪」として登場します。この大三角があった辺りは、現在、東京ディズニーラ

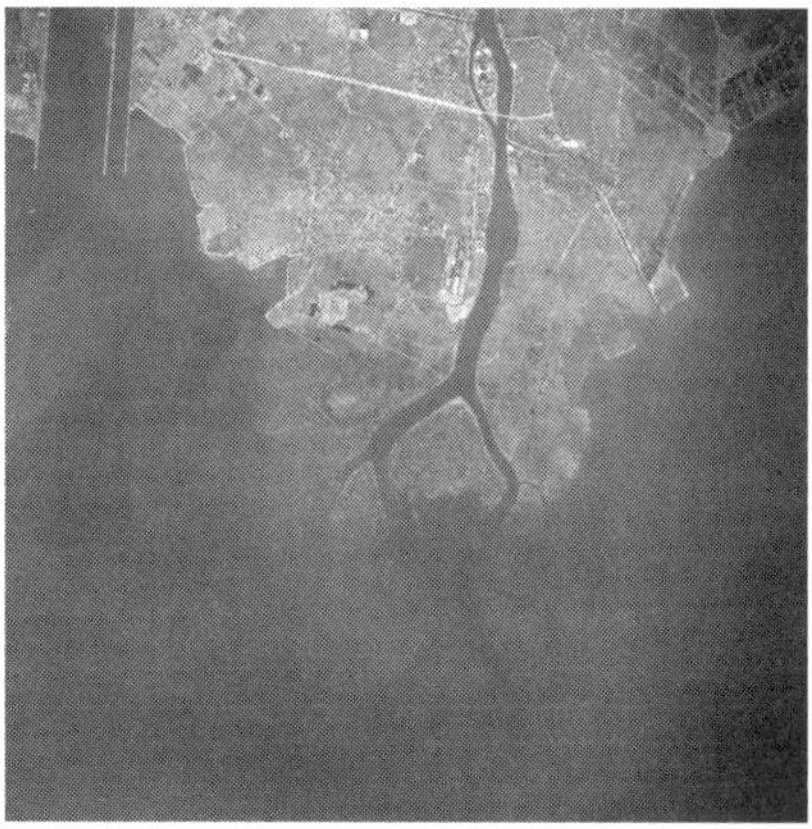

中央右よりの河川が、現在の旧江戸川。その河口に、大三角、上蜆島、下蜆島があった。1947 年航空写真（国土地理院）

2001 年航空写真（国土地理院）。大三角の形が、そのままディズニーランドがある舞浜地区になっている。

ンドなどがある浦安市舞浜地区となっており、様相は大きく変わりましたが、大三角の形状が何となく残っているのが面白いです。

東京湾では、千葉県習志野市の谷津《やつ》干潟が、やはりラムサール条約の登録湿地に指定されています。また、同県船橋市などに広がる三番瀬と呼ばれる干潟が、貴重な生態系をとどめていることで知られています。かつて東京湾最奥部では、干潟が広範囲に広がっていました。しかし埋め立て事業によって、徐々に姿を消していき、これらの干潟を残すのみとなっています。葛西海浜公園の2つの人工干潟は、沖合の三枚洲を保護するために造成されたものです。

ところで、葛西海浜公園には、毎年2万羽以上の鳥類が飛来するそうで、スズガモ、カイツブリ、コチドリ、ミサゴ、コアジサシ、アオサギ、コサギなどを観察できます。多くの渡り鳥が越冬地として利用しており、セイタカシギといった絶滅危惧種の鳥も姿を見せるそうです。毎月、「日本野鳥の会東京」による「探鳥会」が開催されているので、参加してみるのもよいと思います。豊かな自然という思わぬ魅力に触れることで、きっと東京湾岸地域への愛着が高まると思います。

（No.24　2018年11月）

12-2 浦安の大鯨碑

「鯨塚と品川・天王洲」（10-2）で品川の鯨塚のことを書きましたが、東京湾最奥部の千葉県浦安市にも大鯨の碑があります。当代島稲荷神社（当代島3丁目）の境内にある「大鯨の石祠」です。「当代島」という地名は、鎌倉時代に開墾し住みつくようになった人々が、この土地を当代（現代の意）にできた島であるとして名付けたといわれています。

当代島は、江戸川（現在の旧江戸川）が運んできた土砂が堆積してできた天然の島だった場所で、「船入緑道」のところにあった船入川から船で江戸川にでて、東京湾へ下って魚を捕る漁師たちが住んでいました。1875（明治8）年のある日、いつものように二人の漁師が江戸川を下って三枚洲という漁場へ行くと、洲の浅瀬に取り残された大きな鯨を発見しました。浦安と葛西の沖には、江戸川が運んできた土砂が形成した広大な浅瀬が広がっていて、それが三枚洲と呼ばれていたところでした。

二人の漁師は、大格闘の末に鯨の生け捕りに成功して意気揚々と帰還しました。知らせを聞いて村中が大騒ぎとなり、鯨は当時の価格で金二百円ほどの値段で売れました。二百

当代島稲荷神社内の大鯨の石祠。右から２番目の石祠がそうで、その後ろには解説板がある。

円というのは、現代のお金の価値に換算すると、２００万円ぐらいでしょうか。二人は大金を手に入れただけではなく、すっかり有名になってしまい、どこに行っても英雄扱いだったそうです。そのため仕事が手につかず、騒ぎの終止符を打つために、長老の知恵に従って、神社に大鯨の碑を奉納し祀ったということです。

また同じく当代島にある善福寺（当代島２丁目）境内には、「サバ大師」があります。言い伝えによると、明治中期、不漁が続き困った村人が大師様に念じたところ、サバなどの大漁が続いたということで、村人によってサバ大師の像が建立されたそうです。東京湾でサバの大漁があったというのは、不思議

当代島善福寺境内にあるサバ大師。右手にサバを持っている。

な感じがしますね。

船入川跡を挟んで、神社仏閣と大鯨の碑やサバ大師像、稲荷神社内にある富士塚など、また微地形（微妙な土地の高低差）がはっきり見て取れるので、漁師町時代から続くコミュニティ空間が想像できます。

山本周五郎の小説「青べか物語」の舞台は、同じく浦安市内の境川を挟んだ漁師町・猫実《ねこざね》や堀江が舞台ですが、その物語で取り上げられているような人々の生活がここでもあったことでしょう。「青べか物語」で書かれているように、まちの様子は、どこもかなり変わりましたが、このような東京湾岸に点在する漁師町の名残を見てまわるのも面白いと思います。

（No.23　２０１８年10月）

13章　身体的なスケールからデザインする地域

生活者目線の身体的スケールから、東京湾岸地域のあちこちに存在する歴史と文化の「証」を見てまわりました。様々な出来事やエピソードから、この地域がいかに東京の発展を支えてきたか、そして今後も支えていく土地であることがお分かり頂けたと思います。

埋立地の形成と東京港の築港、旧防波堤の建設、幻に終わった日本万国博覧会の計画、東京市庁舎計画、豊洲エネルギー基地の整備、埠頭の整備と臨港鉄道の建設、防潮堤や坂道の整備、臨海副都心の建設、ＢＲＴの整備などの話で気づかれていると思いますが、この地域には、様々な「都市計画」がずっと存在しています。東京を支えつづける土地という東京湾岸地域の宿命の背後には、様々な都市計画が存在しているのです。

ここではまず、東京湾岸地域の形成に関する都市計画を、明治から戦前までと、戦後から現在に分けて振り返っていきます。巻末の東京湾岸地域年表も合わせてご覧下さい。

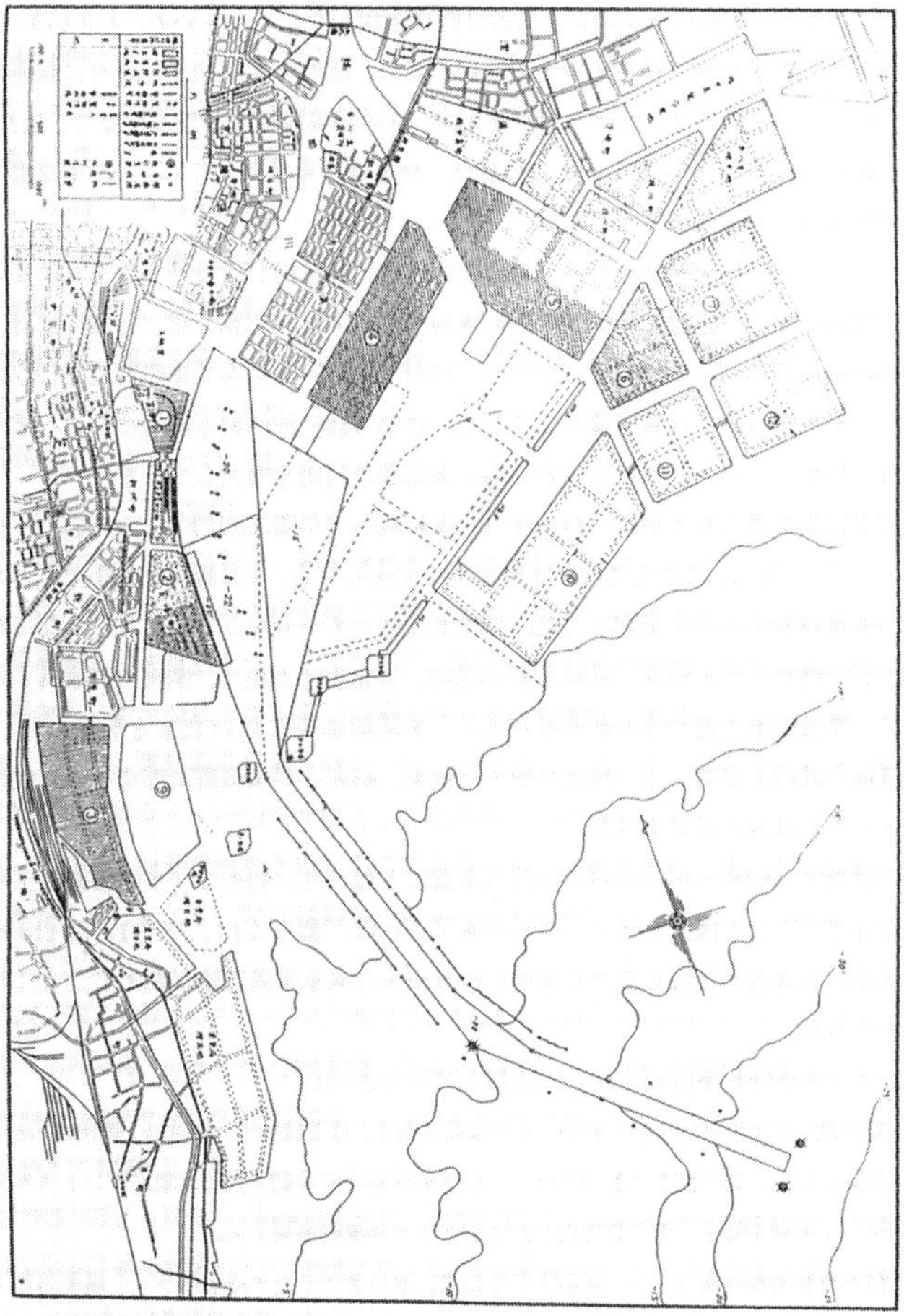

東京港修築工事計画平面図『東京港史』

明治から戦前　築港計画と浚渫による埋立地の形成

明治に入ってしばらくすると、首都であり近代都市となる東京にふさわしい港を建設しようとする動きがでてきました。しかしすでに国際港として横浜港があったので、「東京築港計画」は、横浜市の反対などがあり、国から認められませんでした。そうしているうちに、隅田川の澪筋は、深さ90㎝ほどまで浅くなり、小型の船でさえ航行が難しくなり、江戸期以来の東京の港は徐々に衰退していきました。

そこで近代港の建設はさておき、とにかく海底の土砂をすくい取って、1・8mほどの水深は確保しようと、1883（明治16）年から、隅田川の河口を中心とする「東京湾澪《みお》筋浚渫《すじしゅんせつ》事業」が始まりました。これで出た土砂を積み上げてできたのが、1892（明治25）年に完成した月島一号地（月島）、二号地（勝どき、1894年完成）、新佃島（佃2・3丁目、1896年完成）です。

さらにその後も、隅田川の河口は東京の水運上重要だとして、1906（明治39）年から「第一期隅田川口改良工事」が、1911（明治44）年から「第二期隅田川口改良工事」が始まり、海底からすくった土砂を積み上げて月島三号地（勝どき5・6丁目）が1913（大正2）年に完成しました。引き続き1922（大正11）年からは「第三期隅田川口改良工事」が始まり、1931（昭和6）年に月島四号地（晴海）が、1932年に五号地（豊洲1～5丁目）が、1933年に六号地（東雲）が完成していき、七号地（辰巳）の一部も埋め立てられました。八号地（潮見）も一部埋め立てられたようです。

この第三期隅田川口改良工事の間に、関東大震災が1923（大正12）年に発生し、東京は壊滅的な打撃を受けました。復興にあたり、物資を運び込む港湾の重要性が再確認されて、「東京港修築事業」が1935（昭和10）年から始まり、豊洲の一部などが埋め立てられました。

東京港の築港とは別に、河川が多い江東エリアでは、安定した舟運ルートを確保するための「枝川改修工事」が、1910（明治43）年から始まりました。浚渫工事で出た土砂を使って、やはり埋立地がつくられていきました。現在の塩浜の一部が1921（大正10）年に、古石場が1923（大正12）年、枝川が1928（昭和3）年に完成しました。潮見はこの工事でも埋め立てが進められましたが、完成はしませんでした。また豊洲（五号地）については、枝川改修工事での埋め立てが先行し、その後の第三期隅田川口改良工事によりほぼ現在の姿になりました。

東京港は、1941（昭和16）年に近代的な国際港として開港しましたが、この年の12

月には太平洋戦争が始まり、港は軍専用の輸送基地となりました。１９４４（昭和19）年からは空襲にみまわれて、多くの港湾施設が破壊されました。明治初頭からの悲願がやっと達成されたにもかかわらず、東京港は十分な機能を発揮できない状況のまま、開港から４年あまりの１９４５（昭和20）年に終戦を迎えることになりました。

戦後　港湾計画と都市計画

港湾計画主導の時代

戦後の東京湾岸地域の都市計画は、「東京港港湾計画」から始まりました。この地域では、人々の生活に必要な交通や生活に関わる機能よりも、物流の要となる港湾の整備が先決でした。

東京港は、近代的な国際港として開港したものの、すぐに戦争が激化したので、本来の機能を発揮できないまま終戦をむかえました。戦後も、今度はＧＨＱ（進駐軍）に港湾のほとんどを接収されてしまい、その役割を果たせないでいました。

戦後の復興のためには、大量の物資を運び込むことができる港の整備が急務でしたから、ＧＨＱに接収されていないところを、ＧＨＱの顔色をうかがいながら整備していくことになりました。

まず打ち出されたのが、1949（昭和24）年の「東京港修築第1次5カ年計画」でした。まだ先が読めない時代でしたから、5年間という短いスパンで港湾の整備を図ったのです。翌1950年に「港湾法」も定められました。この計画によって誕生したのが、同年に操業を開始した「豊洲石炭埠頭」です。当時、人々の生活に必要な電気やガスの源は、石油よりも石炭だったのです。

「港湾整備促進法」（1953年）を経て、1954（昭和29）年には、「東京港修築第2次5カ年計画」が定められました。今度もまた5年間という短いスパンでの計画でしたが、これによって誕生するのが「豊洲エネルギー基地」の建設という、東京の復興を強力に後押しする一大プロジェクトでした。1955（昭和30）年に東京電力新東京火力発電所が、翌1956年に東京瓦斯《がす》豊洲工場が操業を始めました。

なぜこのタイミングでこの一大プロジェクトが実現できたのでしょうか。1951（昭和26）年に「サンフランシスコ平和条約」が締結され、日本が米国を含む多くの連合国との戦争を正式に終結したことが、大きな理由でした。この頃から、GHQによる東京港の接収が徐々に解除されていきましたが、港湾の岸壁全域接収解除は1959（昭和34）年でした。

1956（昭和31）年には、「東京港港湾計画」が策定されました。これが、東京湾岸地域に関する、戦後最初の本格的な都市計画でした。しかしそのすぐ5年後の1961（昭和36）年には「東京港改訂港湾計画」が定められました。せっかく本格的な計画を立てたのに、どうしてまた5年で計画を見直すことになったのでしょうか。それは、「日米安全保障条約」が1960年に締結されたように、まだ日本と米国との関係には、大きなうねりがあったのです。その影響が、東京湾岸地域にも波及していました。丹下健三らが「東京計画1960」を打ち出したのもこのタイミングですね。

1966（昭和41）年には、「東京港第2次改訂港湾計画」が打ち出されます。先の東京港改訂港湾計画の5年後ですから、まだ東京湾岸地域を含めて激動の時代だったのです。その後は、「東京港第3次改訂港湾計画」が1976（昭和51）年と、大体10年毎に港湾計画は定められていき、2014（平成26）年に定められた「東京港第8次改訂港湾計画」が現在の港湾計画です。

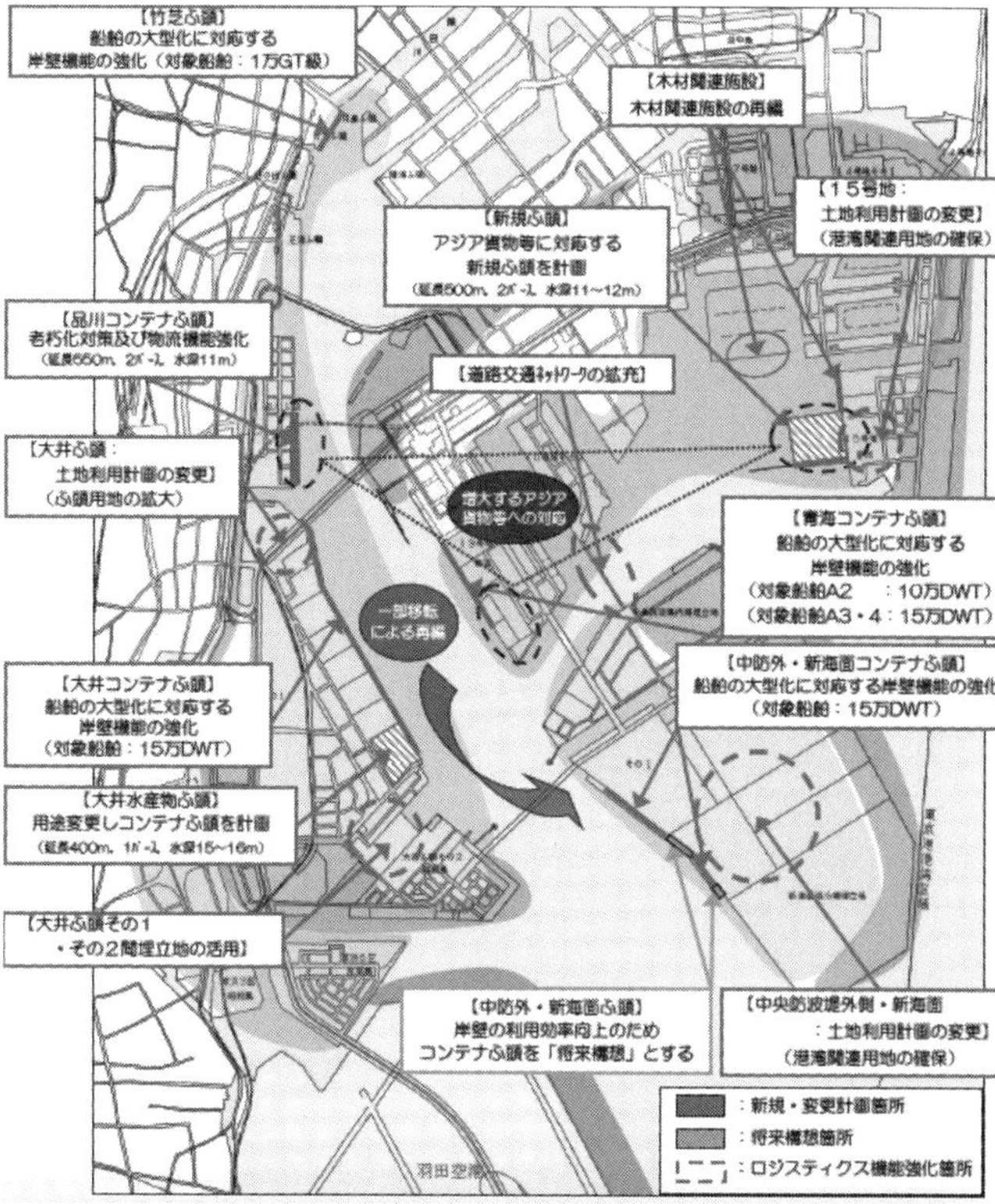
【竹芝ふ頭】
船舶の大型化に対応する
岸壁機能の強化（対象船舶：1万GT級）
【木材関連施設】
木材関連施設の再編
【15号地：
土地利用計画の変更】
（港湾関連用地の確保）
【新規ふ頭】
アジア貨物等に対応する
新規ふ頭を計画
（延長500m、2バース、水深11～12m）
【品川コンテナふ頭】
老朽化対策及び物流機能強化
（延長550m、2バース、水深11m）
【道路交通ネットワークの拡充】
【大井ふ頭：
土地利用計画の変更】
（ふ頭用地の拡大）
増大するアジア貨物等への対応
【青海コンテナふ頭】
船舶の大型化に対応する
岸壁機能の強化
（対象船舶A2　：10万DWT）
（対象船舶A3・4：15万DWT）
一部移転による再編
【中防外・新海面コンテナふ頭】
船舶の大型化に対応する岸壁機能の強化
（対象船舶：15万DWT）
【大井コンテナふ頭】
船舶の大型化に対応する
岸壁機能の強化
（対象船舶：15万DWT）
【大井水産物ふ頭】
用途変更しコンテナふ頭を計画
（延長400m、1バース、水深15～16m）
【大井ふ頭その1
・その2間埋立地の活用】
【中防外・新海面ふ頭】
岸壁の利用効率向上のため
コンテナふ頭を「将来構想」とする
【中央防波堤外側・新海面
：土地利用計画の変更】
（港湾関連用地の確保）
：新規・変更計画箇所
：将来構想箇所
：ロジスティクス機能強化箇所
羽田空港

「東京港第８次改訂港湾計画（抜粋）」（東京都）

対症療法的な都市計画の時代

戦後の東京は、「東京戦災復興都市計画」にもとづいて、新宿や渋谷、池袋などの主要駅周辺の区画整理や公園の整備、幹線道路の整備がなされましたが、様々な課題の対処に追われ、長期的な視点にもとづく総合的な「長期計画」づくりには着手できないでいました。東京湾岸地域に関しては、1950年代の終わりまで、江東区豊洲での戦災復興住宅の建設や、中央区晴海での「晴海国際見本市会場」、「晴海団地」の整備ぐらいで、港湾整備に関する計画以外はほとんどありませんでした。

様々な行政分野にわたる総合的な計画ができる前の1959（昭和34）年に、第18回オリンピック大会が、1964（昭和39）年に東京で開催されることが決まりました。オリンピックを開催するための準備として、1960（昭和35）年にオリンピック関連道路の決定がされます。これで1章「オリンピック・ブリッジたち」で紹介した「佃大橋」が整備されました。

東京オリンピックが開催される前年の1963（昭和38）年になって、東京都初の東京都長期計画が策定されました。この長期計画は、東京への人口や産業の集中が進むことで生じた、深刻な住宅不足や交通渋滞、水不足や公害などへの対応に重点をおいていました。

1969（昭和44）年には「東京都中期計画」が発表されました。ここでは「シビルミニマム」という生活環境水準が設定されたように、まだまだ過剰な都市化への対応が中心でした。この時代、ゴミの投棄によって、湾岸地域に次々と埋立地が誕生していきます。江東区が環境悪化を理由として、他区からのゴミ運搬車の通行を阻止するという「ゴミ戦争」宣言がされたのが1971（昭和46）年でした。

総合的な都市計画の時代

東京湾岸地域が現在の姿になっていく一大転機となったのが、1982（昭和57）年、約20年ぶりに策定された「東京都長期計画　マイタウン東京　21世紀をめざして」と、その後1985（昭和60）年に打ち出された「東京テレポート構想」を受けて策定された1986年の「第二次東京都長期計画」でした。長期計画において、多心型都市の形成が掲げられ、定められた6つの副都心に加えて、13号埋立地を「東京テレポート」を含む7つ目の副都心「臨海副都心」に位置づけるというものでした。これによって、ほぼ港湾機能一辺倒だった東京湾岸地域に、人々が住み働く土地が出現することになりました。

1988（昭和63）年に「臨海部副都心開発基本計画」が打ち出され、巨大なプロム

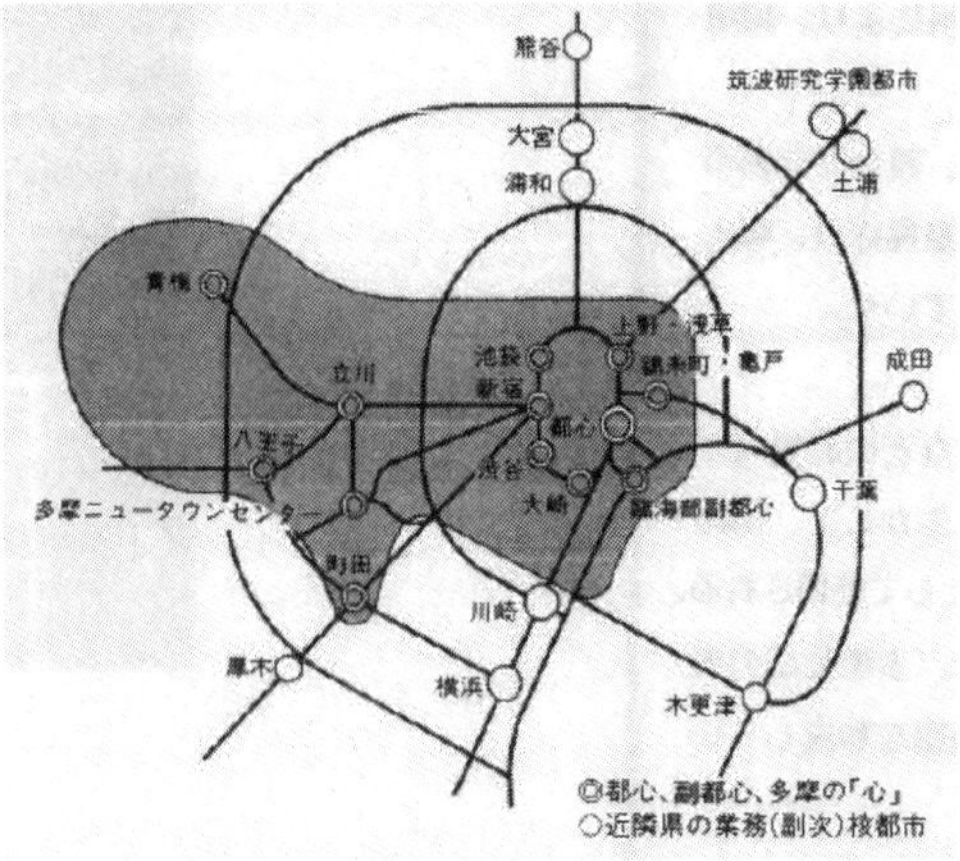

広域的視点からみた多心型都市東京（第２次東京都長期計画）

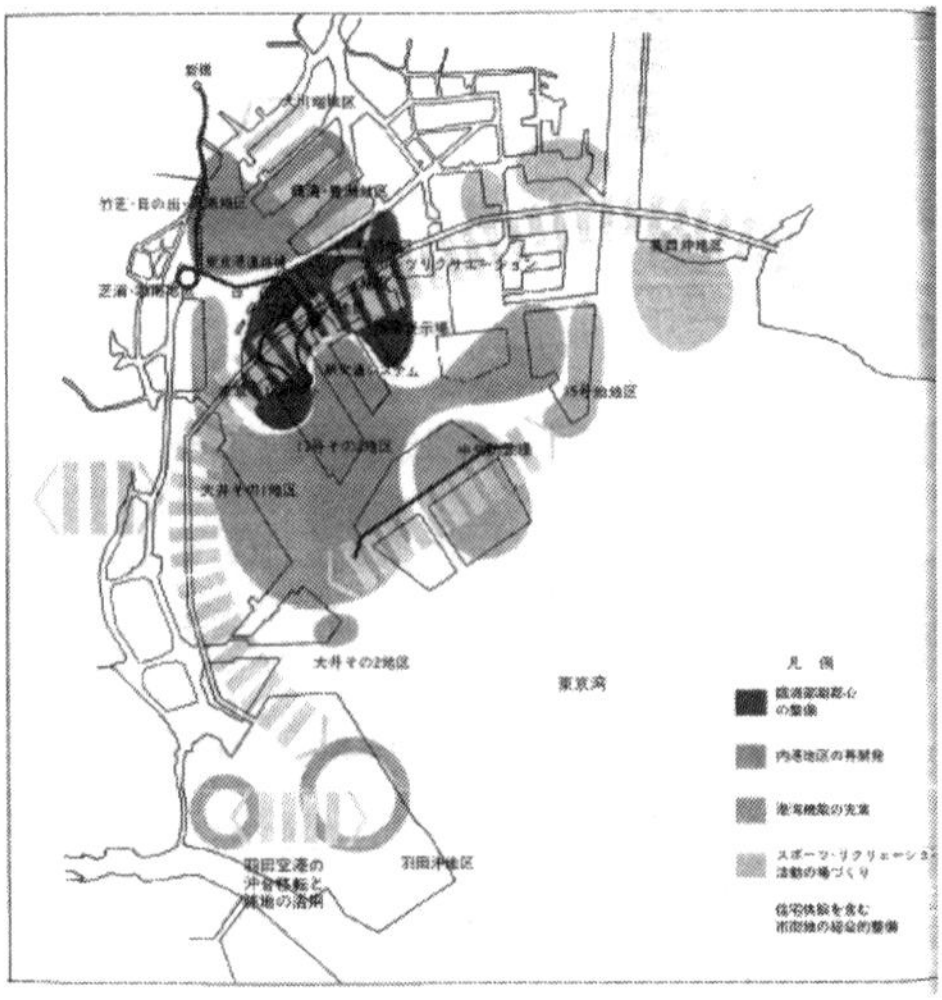
臨海部開発整備の方向（第２次東京都長期計画）

ナードやお台場海浜公園の整備が位置づけられました。この年に、「豊洲・晴海開発基本方針」も策定されます。これによって、港湾機能とエネルギー基地だった豊洲と晴海が現在の姿へと変わることになったのです。

この頃、日本全体では「首都機能移転」が議論されはじめました。バブル景気が訪れ、都市開発に沸いた東京には「もう土地がない」ということで起こった議論でした。1990（平成2）年には、国会が「国会移転決議」を採択し、東京の将来計画が大きく変わることが予想されていました。

リセットされた東京湾岸地域の計画

ちょうどこの頃、臨海副都心で開発を促進する一大イベントの開催が検討され始め、1993（平成5）年に「世界都市博覧会」を開催することが決定します。しかしこの2年後の1995年に都知事が交代したことにより、この博覧会は中止となりました。これによって、臨海副都心の開発計画の多くは白紙となってしまいました。同時にバブル景気の崩壊もあり、「土地がある」東京になったことで、首都機能移転の議論はなくなりました。

東京湾岸地域全体で、世界都市博覧会中止の影響は、今も残っていると言われています。

計画の作り直しということで、1997（平成9）年には、「臨海副都心まちづくり推進計画」が策定され、それまでの計画が総合的に見直されました。これを受けて有明北地区では、1999年に「有明北まちづくりマスタープラン」が策定されるなど、その後地区ごとに計画がつくられていきましたが、土地の売却や貸し付けは思うように進んでいきませんでした。

民間主導の開発と市民活動

臨海副都心という東京湾岸地域の中心となる予定だった地区の開発が遅れる中で、豊洲や晴海、勝どき、芝浦などの開発が目立って進んでいきます。例えば豊洲では、2001（平成13）年に「豊洲1～3丁目地区まちづくり方針」が策定され、その後開発が急ピッチで進んでいきました。

臨海副都心の開発が進まない影響が、東京湾岸地域全体に及ぶことになりました。東京都ではなく、国が開発を主導していったのです。1990年代にバブル景気が崩壊した後の景気刺激策の一環として、2002（平成14）年に「都市再生特別措置法」が制定され、同年、臨海副都心や月島、勝どき、晴海、豊洲、東雲といった地域が「都市再生緊急整備地域」に指定され、民間資本による開発が誘導されていきます。これが現在も続いていて、雨後の筍のようなタワーマンションの建設が続く状況が生まれました。

大きな開発が増えていく中で、運河、水辺の活用を促進する動きに光が当てられていきます。水辺の活用は運河でなく、まず河川で進んでいきました。戦後の復興から高度経済成長期にかけて河川は汚染されていきましたが、１９８０年代から水質の改善が進み、水辺や水上を使った市民のレクリエーションや遊覧船の運航が増えていきました。１９８０年代後半には、中央区の「大川端リバーシティ21」の開発など、ウォーターフロントの開発が脚光を浴びていきます。

１９９７（平成9）年に、「河川法」が改正され、それまでの治水一辺倒から、生物多様性といった環境の重視と、河川沿いの緑地や親水公園、遊歩道の整備が推進されていきました。２００４（平成16）年には、河川法が一部改正されて「河川敷地占用許可準則の特別措置」が制度化され、広島市の河川緑地で、初めてのオープンカフェが登場しました。

河川での水辺活用の動きを受けて、東京都では運河活用の気運が高まっていきました。２００５（平成17）年に、「運河ルネサンスガイドライン」が策定され、市民の運河利用と水辺占用が認められるようになりました。２００５年に港区の芝浦地区と品川区の品川浦・天王洲地区が、運河ルネサンス推進地区に指定されました。その後、２００６年に中央区の朝潮地区と品川区の勝島・浜川・鮫洲地区が、２００９年には江東区の豊洲地区が指定されました。この運河ルネサンスは、地区ごとの小さな取り組みですが、大規模な建設や開発ではなく、水辺や運河の「利用・活用」を市民や民間企業が主導するという、東京湾岸地域の都市計画におけるエポックメイキングでした。

東京２０２０オリンピック・パラリンピック大会時代

２０１３（平成25）年に、第32回オリンピック大会とパラリンピック大会が東京で開催されることが決定しました。東京湾岸地域には、選手村と14の競技会場が点在するということで、再びこの地域が脚光を浴び、多くの投資がされています。

２０１４年に東京都政策企画局が発表した「東京都長期ビジョン」では、２０２０年後の湾岸地域のまちづくりが示されています。環状2号線といった交通インフラの整備、大型クルーズ客船埠頭の整備、国際ビジネス拠点やＭＩＣＥ（国際会議場を中心とする複合施設）を形成するとしています。

２０１７（平成29）年には、東京都都市整備局が「都市づくりのグランドデザイン」を発表しました。ここでは東京2020オリンピック・パラリンピック大会の競技施設を様々な角度から活かすとしており、「有明レガシーエリア」をスポーツ・文化の拠点とすることや、辰巳・夢の島周辺を「マルチスポーツエリア」とすること、海の森・若洲・葛西周辺を「ウォータースポーツエリア」とすることなどがうたわれています。

2019年からは、東京都都市整備局が中心となって「東京ベイエリアビジョン」の策定が進んでいます。この内容はまだはっきりしていませんが、「国際金融都市・東京」構想が、オリンピックのレガシーとして掲げられているようです。

地域の宿命

東京湾岸地域の都市計画を振り返り、地域形成の根底にある都市計画の変遷を確認してきました。明治期からの日本・東京は、近代化、大震災、戦争と空襲、戦後の復興、高度経済成長、バブル景気とその崩壊、東京2020オリンピック・パラリンピック大会の開催と、激動の時代を歩んできました。この激動の歴史には、東京の都市計画も翻弄されてきたのです。「東京築港計画」はなかなか実現せず、やっと実現したものの、戦争によって機能を発揮できませんでした。戦後は、港湾のほとんどをGHQに接収されてしまいました。港湾一辺倒だった地域に、人々が住み働く都市が出現することになりましたが、それも順調ではなく、計画の挫折、リセットもあったのです。

東京湾岸地域には、東京の近代化と復興、発展を支えていくという宿命があります。都市計画がこの地域の宿命を定めたのではなく、歴史によって、地域も都市計画も運命づけられてきたと言えます。

豊洲人・湾岸人

必ずしも、都市計画がこの地域の運命を決めたわけではなく、人々の生活や行動を決めたわけでも当然ありません。

例えば「豊洲の街と深川薬師」(3-2)では、人々の願いと民間信仰が、子ども達を見守る場をつくりました。日本各地に伝えられている信仰で、我々の遺伝子の中に組み込まれているようなエピソードだと思います。

「豊洲の路地」(3-3)では、埋立地に乗り込んできた商業者たちの夢がありました。デパートをつくるという夢は破れましたが、なんともユニークな路地を発生させました。

「コンビニエンスストア一号店」(3-4)もそうです。日本が生み出した世界的な小売り業態は、フロンティア精神に富んだ豊洲人が生み出したのです。

「有明小判騒動」（5−2）は、埋め立てへの夢を駆り立てたエピソードでした。しかし決して私利私欲ではなく、「埋立地から出たものは公共財」とする市民意識がそこにはありました。

「旧東海道品川宿とまちづくり」（10−3）は、脈々と受け継がれてきた港町・宿場町の遺伝子と呼べるようなものが、人々を動かし、まちづくりに結実しているのです。

東京湾岸地域には、東京の近代化と復興、発展を支えていく人々が住んでいると思います。彼らは、フロンティア精神やハングリー精神に富んでいるという特徴があります。「豊洲人」「湾岸人」というような気質があって、この地域の宿命を担っているのだと思います。

人々とまちづくり

例えば豊洲地区では、「豊洲地区運河ルネサンス協議会」が、運河や水辺の活用を図り、まちの魅力を高めようと取り組んでいます。２００９年の設立時には会員は11団体でしたが、２０１９年12月時点で、地元の町会、自治会、商店会、企業、大学、小学校ＰＴＡ、

豊洲水彩まつり

船カフェ

保育園、漁業組合、ＮＰＯ、舟運事業者などの27団体が会員となっています。再開発が進む豊洲らしいことですが、協議会会長であり、まちへの愛情とフロンティア精神に富む地元商店会理事長が中心となって、様々な団体を取り込み、新しい取り組みを増やしているのです。

協議会は毎年、運河クルーズや出店、子どもを対象とするイベントなどからなる「豊洲水彩まつり」や「船カフェ」を開催して、多くの人々が水辺に集い楽しむことを仕掛けています。また会員が船着場や遊歩道の管理、小型ヨット講習会、クルーズ船の運行などに取り組んでいます。またこの協議会によって、商店会や町会、企業、大学、ＮＰＯといった会員団体の相互連携が促進されることになり、それぞれの団体の活動が活発になっています。

再開発による施設や遊歩道といったオープンスペースの整備だけでは、まちづくりにはなりません。人々が協力して仕組みをつくり、汗を流して活動することで、土地に意味づけがされ、価値が高まるのです。ここでも「豊洲人」「湾岸人」の活躍があります。

このように振り返ってみると、近代化から戦後の復興、発展を切り開いてきた人々と、運河や水辺の活用といったこれからの取り組みは、この地域の人々の精神的生活の一部、つまり「地域文化」になりつつあると言えると思います。

建築と地域づくり

建築学は工学の一部という位置づけが、日本の大学では主にされています。それは、日本の近代化、復興、経済発展という歴史がそうさせたのでしょう。かつては建築というと、建設や開発という側面が強く、現場での労働作業といったイメージが強いものでした。建築の仕事は「3K」(「きつい」「汚い」「危険」)と言われ、若者の間では不人気でした。

それが、日本がバブル景気へと進んでいった1980年代後半から、世界的に活躍する建築家たちの活躍もあり、斬新なデザイン、創造性といった側面が強くなって人気が高まっていきました。今ではすっかり、若者の人気を集める学問分野になっています。

私が勤める芝浦工業大学では、建築学科は2017年から工学部を出て、建築学部建築学科となりました。無論、地震や自然災害に度々遭う日本では、建築学と工学とはオーバーラップするものです。それでも建築学部を立ち上げた理由は、日本の建築学では、デザイン、創造性、文化の重要性が高まっているからなのです。

建築学部の学生から話を聞くと、巨大な開発に興味をもつ学生が少ないことに驚きます。

身体的なスケールや建築的なスケールのデザインに興味があり、都市や地域のデザインについても、大規模な開発よりも、建築的なスケールのデザインが蓄積していくことで、都市や地域のデザインになるという考え方をしたいようです。最近の建築業界では、リノベーションやコンバージョンと呼ばれる歴史的な建物の活用が注目されています。新たな建設よりも、すでにある建物や資源を有効に活用して、まちや都市の歴史的な文脈や文化を生かしたいという考えがあるようです。

地域情報紙「豊洲 Brisa」「りんかい Breeze」では、「建築学」についてのコラムも書きました。

建築学

建築学への注目は益々高まっているようで、芝浦工業大学建築学部の入試偏差値はさらに上がっています。そこで今回は、漠然と建築学に興味をもっている方々に読んで頂ければと思い、私が建築学の道に進んだ理由を書かせて頂きます。

父の友人に、建築家（建築士）がいました。彼は自分の事務所を構えていて、主に国鉄（現在のＪＲ）の仕事を多くしていた人でした。国鉄関係の仕事では、例えば原宿駅の増改築の設計をしたそうです。古い木造西洋風の駅舎が有名ですね。現在、東京２０２０オリンピック・パラリンピック大会に向けて増築工事が進んでおり、木造西洋風の駅舎がどうなるのかと話題になっていますが、これまでもあの駅舎を保存するか、建て直すかという議論は度々あったのです。彼は保存して駅舎として使い続ける派で、改築は最低限にとどめるという設計をしたそうです。

その設計内容について、自身のスケッチを使って説明してくれたことがありました。八角形の尖塔の周りの屋根色や形状をほんの少ししか変えないという内容でした。当時の私は、建築設計とはそんな細かいところにこだわるのかと思ったぐらいで、設計内容よりもむしろ彼のスケッチが印象に残りました。すごく素敵に着彩された透視図で、彼は画集を出すぐらい絵が上手い人だったのです。私も下手ながらスケッチをしますが、それはきっと彼の影響なのだと思っています。

彼のことで他にも印象に残っているのが、「地下鉄は嫌いだ」と言っていたことです。地下を走るために「車窓から風景を眺められず、つまらない」という理由で、他にも国鉄の仕事を多くしていたからという理由もあったのかもしれません。やはりその影響でしょうか、私もＪＲなど地上の電車に乗ると、風景を眺めるのが好きです。車窓から、ユニークな建物や商店街、神社仏閣やうっそうとした森や川や海を見つけると、そこには、どのような歴史があって、どのような人々が暮らし、そして生業があるのかと想像し、うきうきしてしまいます（変な人みたいですが）。

この建築家の方とお目にかかったのは、高校生になったばかりの頃だったと思います。建築設計とは、なんと奥の深い仕事なのかと感銘を受けて、建築設計の道に進めればいいなあと漠然と思い始めたことが、建築学の道に進むことになった最初の理由でした。

（№25　２０１８年12月）

原宿駅は、現在新駅舎の建設が進み、１９２４（大正13）年に完成した木造駅舎は解体されることが決まりました。原宿というと若者達のまちですが、若者達はどう思っているのでしょうか。私は残念でなりません。

触発するローカルとグローバル

東京２０２０オリンピック・パラリンピック大会で、グローバル化はますます進み、特に湾岸地域では急速に進むでしょう。芝浦工業大学の市民向け公開講座「２０２０年のお

もてなし　オリンピック・パラリンピックのボランティアになろう」で、グローバル化とまちづくりに関して話をしました。

グローバル志向とローカル志向

２０１８年6月9日（土）に、芝浦工業大学の公開講座で「ぐるっと湾岸再発見」の話をさせて頂きました。「豊洲 Brisa」「りんかい Breeze」で連載しているコラムの内容と背景を話したのです。

この公開講座のメインタイトルは「２０２０年のおもてなし」で、今回が5年目というシリーズ講座です。今年度は「オリンピック・パラリンピックのボランティアになろう」がサブタイトルで、まず江東区オリンピック・パラリンピック開催準備課長に、大会開催に向けた最新情報と、江東区の取り組み、またボランティアの内容と募集予定についてお話し頂きました。次に私からの講義「ぐるっと湾岸再発見」は、駅や街角で来街者を案内する都市ボランティアに役立つ知識の提供、また大会後の会場施設の活用であるオリンピックレガシーでは、施設活用だけではなく、東京湾岸地域全体の文脈からの地域づくりという視点が重要ということを主旨としました。

「豊洲 Brisa」「りんかい Breeze」でも宣伝して頂いたこともあって、定員を大幅に超える100名もの受講生が集まりました。本当にありがとうございました。講座後の受講生に対するアンケートでは、72％の方が満足、24％の方がやや満足と、ほぼ受講生全員が満足されたということで安堵しております。

さて、アンケートの中の自由記入で、「グローバル化によって、ローカルが強化されるという話に共感した」と書かれた方がいらっしゃいました。2020年に向けて日本のグローバル化が加速すると言われていますが、グローバル体験が、自己発見になり、我がまちの再発見にもなると話しました。また、グローバル化では世界中で通用するような標準化が進みますが、新たな発見や発想は、ローカルな体験や試行錯誤がベースとなって生まれるものです。つまり、グローバル志向は、ローカル志向とセットになることで成功すると話したのです。

東京湾岸地域は2020年に向けて特にグローバル化が進むので、ローカルも強化されて、ますます面白い地域となることでしょう。

（№20　2018年7月）

都市を面白がる

東京湾岸地域は、「何もない」と思われる典型的な土地でしょう。人々にこのように思われている土地は、日本中至るところにあります。しかし本当は、貴重な歴史や文化が存在しています。これからの建築やまちづくりでは、各地域の歴史や文化を踏まえることが大切です。そのためには何が必要か。私は、「建設」の再開発ではなく、人々の「意識」の再開発のようなことが肝心だと思います。

「豊洲人」「湾岸人」のことを書きましたが、吉田松陰が「地離れて人無し、人離れて事無し」（土地が人をつくり、そして人が事をなす）といったように、地域が人々をつくり、その人々が地域をつくるのだと思います。まずは人々の地域への意識が変わることが大切です。

無論、都市や地域の形成には、合理性・機能性が必要です。しかしそれだけで本当に魅力的な都市や地域ができるでしょうか。それでは都市計画はＡＩ（人工知能）に任せてしまえばよいという時代になってしまうのでしょうか。都市・地域は、必ず固有の風土や気候、自然、歴史、文化をもちます。それを丁寧に読み取りデザインすべきでしょう。

まずは、人々が都市や地域を面白がり、眼差しを向ける姿勢が欲しいと思っています。

おわりに

地域情報紙「豊洲 Brisa」と「りんかい Breeze」に、コラム「ぐるっと湾岸　再発見」を連載し始めてから3年あまりが経ちました。編集者の石原恵子さんは、毎回ご丁寧に、編集部に寄せられた読者の感想を送って下さいます。お陰様で、「いつも楽しみにしています」「新しい発見でした」といった読者の感想に励まされて、3年あまりの間、小文を連載し続けることができています。中には、「コラムがたまってきたので、書籍化されることを待っています」という有難いご意見も頂きました。素直な筆者は、そのご意見を真面目に受けて、本書の出版を思い立ちました。

地域に対する人々の価値観に、絶対的なものなど存在しないでしょう。私自身も毎回コラムを書きながら、「これは面白いだろう」と思いつつも、読者の反応はどうかと気をもんでいます。期待通りに「面白かった」という感想を頂いて、「そうだろう」と心の中でうなずき、ではこれはどうかと次のコラムに着手する。あくまでも主観的である「これは面白い」という筆者の価値観が、コラムの執筆と読者の感想というキャッチボールを通じて、筆者と読者との間に「共感」という「相互主観性」が生まれ、「共同主観」が形成されていくのです。共同主観は、地域の歴史や文化への人々の想いとなり、将来へ向けての目標イメージの共有へと展開していくでしょう。

花伝社の佐藤恭介さんには、２０１９年の初冬に出版の相談をさせて頂きました。このような地域限定的な内容の出版企画は、社内の稟議を通すのは難しかったと思います。しかし、本書の出版に向けて好意的に話を進めて頂き、お陰様でスムーズに本書を上梓することができたと思います。深く感謝申し上げます。

さて本書脱稿の直前から、日本はもとより世界的に新型コロナウイルス感染拡大が深刻になっています。東京２０２０オリンピック・パラリンピック大会も一年延期となりました。思いもよらない危機的かつ残念な状況となり、一日も早く感染拡大が収束することを祈ってやみません。

ところで今回のウイルス感染拡大は、身近な生活空間のあり方を大きく変えると思います。毎日通勤・通学をしていた人々が、テレワークやオンライン授業によって、自宅とその周辺でずっと過ごすようになりました。大人達は、少しは体を動かそうと、さかんに自宅周辺を散歩したりジョギングしたりしています。子ども達は、自宅近くの公園や道路で元気に遊んでいます。飲食店は、オープンカフェスペースを増やしたり、テイクアウト料理を店前に並べたりしています。

人々は、多くの時を過ごすようになった身近な生活空間へまなざしを向けるようになるでしょう。そこにある魅力や問題点に気づき、どうしたらもっと豊かな空間になるかと考えるようになります。四季が感じられる緑豊かな空間をつくるにはどうしたらよいか、賑わいのある楽しい通りをつくるにはどうしたらよいか、ふれあいがあり、自助・公助のある近隣コミュニティを育むにはどうしたらよいのかなどと考え、実際に改善のために行動する人々がでてくるでしょう。

今回のウイルス感染拡大が過ぎ去っても、テレワークやオンライン授業での学習が可能であることに気づいた人々は、過酷な通勤・通学生活に完全に戻ろうとはしないでしょう。企業も学校も自治体も、施設の整備や維持といったコストを削減できることに気づきました。グローバル化は更に進行するので、今後もパンデミックの脅威にさらされ続けます。つまり自宅とその周辺で多くの時を過ごすという生活様式は、けっして一過性のものではないのです。インターネットの普及によって近い将来到来すると予想されていたものが、この危機によって加速して到来したのであり、将来にわたって定着するのです。

このような生活様式の変化は、本書がテーマとしている身体的なスケールからのきめ細かな地域デザインに拍車をかけるでしょう。人々は、豊かな生活空間づくりには、歴史や文化が必要であることを再認識すると共に、グローバルな関係の重要性を認識する一方で、ローカルなふれあいとコミュニティの価値を見直すようになるのです。

本書では、東京湾岸地域の中心部にある佃島や月島、勝どきについては扱いませんでした。佃島や月島、勝どきも、江戸の発展、東京の近代化と復興、発展を支えてきた土地です。これらの地区に興味がある方は、ぜひ拙著『月島 再発見学』（アニカ）と『東京湾岸地域づくり学』（鹿島出版会）を手にとって頂ければ幸甚です。

編集者が許してくれる限り、これからも地域情報紙への小文の連載を続けていきたいと思っています。私の頭の中では、東京湾岸地域の面白さは、まだまだ尽きることはありません。

２０２０年３月

註釈・参考文献

1章

・「りんかい Breeze」発行：りんかい Breeze 編集室臨海副都心新聞販売所、「豊洲 Brisa」発行：ＡＳＡ豊洲

・セブン‐イレブン一号店の前に、コンビニエンスストアの業態をとる店舗はあったが、コンビニエンスストアが急速に広まったのは、このセブン‐イレブン一号店の成功によると一般的に言われている。

・三浦昇『江戸湾物語』ＰＨＰ研究所、１９８８

・環状二号線の完全な開通は、旧築地市場の再開発完了後となる。ＢＲＴのプレ運行が２０２０年からである。

・『中央区沿革図集　月島篇』東京都中央区立京橋図書館、１９９４

2章

・竹内誠『東京の地名由来辞典』東京堂出版、２００６

・前掲『中央区沿革図集　月島篇』

・津金澤聰廣、山本武利総監修、加藤哲郎監修・解説、増山一成解説・解題『復刻版近代日本博覧会資料集成　近代日本博覧会資料――紀元二千六百年記念日本万国博覧会』国書刊行会、２０１５

・『東京市庁舎建築設計懸賞協議入賞図集』東京市役所、1934

3章

・「江東区の地名由来」https://www.city.koto.lg.jp/103020/bunkasports/bunka/joho/6379.html、2020
・石川島重工業株式会社社史編纂委員会編『石川島重工業株式会社108年史』石川島播磨重工業株式会社、1961
・柳田国男『日本の伝説』新潮文庫、1977
・豊洲商友会理事長へのインタビューにもとづく。
・『豊洲商友会創立50周年記念誌』豊洲商友会協同組合編、2000
・山本憲司『開いててよかった！　セブン-イレブン一号店物語』、2014
・写真測量所編『東京航空写真地図　江東区』創元社、1954
・東京電力株式会社へのインタビューにもとづく。
・東京電力『東京電力三十年史』東京電力株式会社編、1983
・江東区編『江東区史』江東区、1997
・東京都港湾局編『図表でみる東京臨海部』東京都港湾振興協会、1987
・東京都港湾局他編『東京港史』東京都港湾局、1994
・東京都港湾局港湾整備部計画課へのインタビューにもとづく。

・「警視庁　東京湾岸警察署」https://www.keishicho.metro.tokyo.jp/about_mpd/shokai/ichiran/kankatsu/tokyowangan/index.html、２０２０

4章
・前掲『江東区の地名由来』
・東京都港湾局港湾整備部計画課へのインタビューにもとづく。

5章
・前掲『江東区の地名由来』
・前掲『東京港史』
・前掲『江東区史』
・「江東小判騒動」読売新聞・都民版２０１４年11月４日、２０１４
・東京都都市整備部『都市づくりのグランドデザイン　東京の未来を創ろう』東京都生活文化局、２０１７
・『東京ＢＲＴパンフレット』東京都都市整備局、２０２０

6章
・前掲『江東区の地名由来』
・佐藤正夫『品川台場史考』理工学社、１９９７
・丹下健三研究室編『東京計画１９６０　その構造改革の提案』丹下健三研究室、１９６１

・『臨海副都心まちづくりガイドライン　再改訂』東京都港湾局、２００７

7章

・前掲『東京の地名由来辞典』
・前掲『江東区の地名由来』
・前掲『江東区史』

8章

・前掲『東京の地名由来辞典』
・前掲『江東区の地名由来』
・永井義男『図説吉原事典』朝日新聞出版、２０１５
・前掲『江東区史』
・「墨田川造船」http://www.sumidagawa.co.jp、２０２０

9章

・前掲『東京の地名由来辞典』
・「港区の地名の歴史」https://www.city.minato.tokyo.jp/kouhou/kuse/gaiyo/chimerekishi/index.html、２０２０
・興津要編『古典落語』講談社、２００２
・「港区広報みなと　２０２０年１月１日」https://www.city.minato.tokyo.jp/kouhou/kuse/koho/min

ato2020/202001/20200101top/02.html、２０２０

10章

・前掲『東京の地名由来辞典』

・『東京湾と品川　よみがえる中世の港町』品川区立品川歴史館、２００８

・『東海道品川宿』品川区立品川歴史館、２０１５

・『品川区景観計画　概要版』品川区都市環境部都市計画課、２０１９

11章

・前掲『東京の地名由来辞典』

・エドワード・シルベスター・モース、石川欣一訳『日本　その日その日』東洋文庫、１９７０

・『東京湾と品川　よみがえる中世の港町』品川区立品川歴史館、２００８

12章

・「浦安市　地域名の由来」http://www.city.urayasu.lg.jp/shisei/profile/profile/1000021.html、２０２０

・「東京都　報道発表」https://www.metro.tokyo.lg.jp/tosei/hodohappyo/press/2018/10/19/07.html、
２０２０

・『浦安三社　稲荷神社』http://urayasu-inarijinja.com/inari.php、２０２０

13章

・前掲『中央区沿革図集　月島篇』

・前掲『東京港史』
・前掲『図表でみる東京臨海部』
・前掲『江東区史』
・平本一雄、馬場正尊他『臨海副都心とは何だったのか　建築雑誌2019年1月号』日本建築学会、2019
・山口県教育会編纂『吉田松陰全集　第一巻』岩波書店、1936
拙著『月島　再発見学――まちづくり視点で楽しむ歴史と未来』アニカ、2013
拙著『東京湾岸地域づくり学――日本橋、月島、豊洲、湾岸地域の解読とデザイン』鹿島出版会、2018

東京湾岸地域 年表

1603年（慶長8年）	徳川家康が江戸幕府を開く
	日本橋架橋
1798年（寛政10年）	寛政の鯨事件
1853年（嘉永6年）	品川台場（6基の海上台場と御殿山下台場）が完成
1868年（明治元年）	明治維新
1872年（明治5年）	新橋―横浜間の鉄道が完成
1875年（明治8年）	浦安・当代島の漁師が大鯨を捕らえる
1877年（明治10年）	エドワード・モースが大森貝塚を発見
1883年（明治16年）	東京湾澪筋浚渫事業が始まる
1887年（明治20年）	洲崎弁天町の埋め立てが完成
1892年（明治25年）	月島（一号地）の埋め立てが完成
1894年（明治27年）	勝どき（二号地）の埋め立てが完成
1896年（明治29年）	新佃島の埋め立てが完成
1906年（明治39年）	第一期隅田川口改良工事が始まる

1910年（明治43年）	枝川改修工事
1911年（明治44年）	第二期隅田川口改良工事が始まる
1918年（大正7年）	勝どき5・6丁目（月島三号地）の埋め立てが完成
1921年（大正10年）	塩浜の一部の埋め立てが完成
1922年（大正11年）	第三期隅田川口改良工事が始まる
1923年（大正12年）	古石場の一部の埋め立てが完成
	関東大震災
1928年（昭和3年）	枝川の埋め立てが完成
1931年（昭和6年）	晴海（四号地）の埋め立てが完成
1932年（昭和7年）	豊洲（五号地）の埋め立てが完成
1933年（昭和8年）	東雲2丁目（六号地）の埋め立てが完成
1935年（昭和10年）	東京港修築事業が始まる
	芝浦1丁目の埋め立てが完成
1939年（昭和14年）	東京石川島造船所（豊洲）が操業開始
1940年（昭和15年）	かちどき橋が完成
	幻の東京オリンピック大会
1941年（昭和16年）	東京港開港

１９４５年（昭和20年）	終戦
１９４８年（昭和23年）	豊洲の戦災復興住宅建設開始
１９４９年（昭和24年）	東京港修築第１次５カ年計画
１９５０年（昭和25年）	港湾法制定
	豊洲石炭埠頭が操業開始
１９５１年（昭和26年）	サンフランシスコ平和条約が締結
１９５３年（昭和28年）	港湾整備促進法制定
	臨港鉄道東京都専用線・深川線開通
１９５４年（昭和29年）	東京港修築第２次５カ年計画
１９５５年（昭和30年）	東京電力新東京火力発電所が操業開始
１９５６年（昭和31年）	東京瓦斯豊洲工場が操業開始（豊洲エネルギー基地の完成）
	東京港湾計画
１９５８年（昭和33年）	狩野川台風
１９５９年（昭和34年）	東京港岸壁全域接収解除
	第18回オリンピック大会（１９６４年）の東京開催が決定
１９６０年（昭和35年）	日米安全保障条約が締結
	丹下健三ら「東京計画１９６０」

1961年（昭和36年）	東京港改訂港湾計画
1963年（昭和38年）	東京都長期計画
1964年（昭和39年）	東京オリンピック大会開催
1966年（昭和41年）	東京港第2次改訂港湾計画
1967年（昭和42年）	辰巳（七号地）の埋め立てが完成 潮見（八号地）の埋め立てが完成
1969年（昭和44年）	東京都中期計画
1971年（昭和46年）	「ゴミ戦争」宣言
1974年（昭和49年）	セブン-イレブン一号店オープン 青海・台場・東八潮（一三号地）の埋め立てが完成
1976年（昭和51年）	東京港第3次改訂港湾計画
1982年（昭和57年）	東京都長期計画「マイタウン東京　21世紀を目指して」
1985年（昭和60年）	東京テレポート構想
1986年（昭和61年）	臨港鉄道東京都専用線・深川線廃線 第二次東京都長期計画
1988年（昭和63年）	臨海部副都心開発基本計画 豊洲・晴海開発基本方針

1990年（平成2年）	国会移転決議
1993年（平成5年）	「世界都市博覧会」開催決定
	レインボーブリッジが完成
1995年（平成7年）	「世界都市博覧会」中止決定
1997年（平成9年）	臨海副都心まちづくり推進計画
	河川法改正
2001年（平成13年）	豊洲1~3丁目地区まちづくり方針
2002年（平成14年）	都市再生特別措置法制定
	都心・湾岸地域が「都市再生緊急整備地域」に指定
2004年（平成16年）	河川法に「河川敷地占用許可準則の特別措置」制度化
2005年（平成17年）	運河ルネサンスガイドライン策定
	芝浦地区と品川浦・天王洲地区が運河ルネサンス推進地区に指定
2006年（平成18年）	朝潮地区と勝島・浜川・鮫洲地区が運河ルネサンス推進地区に指定
2009年（平成21年）	豊洲地区が運河ルネサンス推進地区に指定
2013年（平成25年）	第32回オリンピック・パラリンピック大会（2020年）の東京開催が決定

２０１４年（平成26年）	東京港第８次改訂港湾計画
	東京都長期ビジョン
２０１７年（平成29年）	都市づくりのグランドデザイン
２０１８年（平成30年）	築地大橋開通
２０２０年（令和２年）	新型コロナウイルス感染拡大
２０２１年（令和３年）	東京２０２０オリンピック・パラリンピック大会開催予定

志村秀明（しむら・ひであき）
芝浦工業大学建築学部教授。1968年東京都生まれ。専門は、まちづくり、地域デザイン、都市計画。北海道大学工学部土木工学科、及び熊本大学工学部建築学科卒業、安井建築設計事務所勤務を経て、早稲田大学大学院修士課程・博士課程修了、早稲田大学理工学部建築学科助手、芝浦工業大学工学部建築学科助教授・准教授・教授を経て、2017年より現職。博士（工学）、一級建築士。日本建築学会奨励賞（2006年度）受賞。
主な著書に『まちづくりデザインゲーム』（共著、学芸出版社、2005）、『月島 再発見学』（アニカ、2013）、『東京湾岸地域づくり学』（鹿島出版会、2018）。

ぐるっと湾岸 再発見——東京湾岸それぞれの物語

2020年7月20日　　初版第1刷発行

著者 ——志村秀明
発行者 ——平田　勝
発行 ——花伝社
発売 ——共栄書房
〒101-0065　東京都千代田区西神田2-5-11出版輸送ビル2F
電話　03-3263-3813
FAX　03-3239-8272
E-mail　info@kadensha.net
URL　http://www.kadensha.net
振替 ——00140-6-59661
装幀 ——北田雄一郎
印刷・製本— 中央精版印刷株式会社

ISBN978-4-7634-0933-1 C0025